本书的出版得到长春理工大学马克思主义学院的资助

面向真理本身

巴迪欧哲学思想探析

肖倩颖　著

Alain Badiou

中国社会科学出版社

图书在版编目（CIP）数据

面向真理本身：巴迪欧哲学思想探析／肖倩颖著．—北京：
中国社会科学出版社，2022.9
ISBN 978－7－5227－0804－1

Ⅰ．①面…　Ⅱ．①肖…　Ⅲ．①巴迪欧—哲学思想—思想评论
Ⅳ．①B565.6

中国版本图书馆 CIP 数据核字（2022）第 153149 号

出 版 人　赵剑英
责任编辑　朱华彬
责任校对　谢　静
责任印制　张雪娇

出　　版　中国社会科学出版社
社　　址　北京鼓楼西大街甲 158 号
邮　　编　100720
网　　址　http://www.csspw.cn
发 行 部　010－84083685
门 市 部　010－84029450
经　　销　新华书店及其他书店

印　　刷　北京明恒达印务有限公司
装　　订　廊坊市广阳区广增装订厂
版　　次　2022 年 9 月第 1 版
印　　次　2022 年 9 月第 1 次印刷

开　　本　710×1000　1/16
印　　张　13.25
插　　页　2
字　　数　171 千字
定　　价　88.00 元

凡购买中国社会科学出版社图书，如有质量问题请与本社营销中心联系调换
电话：010－84083683

目　　录

绪　言

哲学的合法性问题一直以来是学界关注的热门话题，统观哲学史，尽管本体论在西方哲学中一直拥有崇高的位置，并赢得“一切学科的女王”的称号，然而在20世纪西方出现了一股强大的反本体论思潮，语言哲学、存在论、分析哲学、解构主义、后现代主义等纷纷对其提出质疑，致使本体论哲学面临前所未有的存亡危机，这也促使人们不得不重思哲学的合法性问题，阿兰·巴迪欧[①]（Alain Badiou）正是在对这一时代问题进行反思的基础上构建了自己的哲学。面对当代资本主义的发展现实，哲学终结所带来的人类精神家园的缺失，哲学的理论指导地位的动摇，现代性问题突出等一系列问题，巴迪欧用他的哲学理论作出激进的回应，对于指导资本主义实践，应对现代性的危机有着重要的意义。本书遵循巴迪欧哲学思想的发展轨迹，尽可能地贴近其思想脉络，以最近似于巴迪欧的方式展现其思想论证线索，以两本“哲学宣言”为主要文本依据，梳理和解读巴迪欧哲学思想的理论内涵和内在发展的逻辑理路，探讨巴迪欧如何实现对以真理为核心的哲学的拯救和重构，论

---

① 阿兰·巴迪欧，又译巴迪乌或巴丢（1937—），是法国当代著名左翼思想家。他曾师从法国著名哲学家阿尔都塞，并受到拉康的影响，先后出版《主体理论》《哲学宣言》《存在与事件》《世界的逻辑：存在与事件2》《元政治学》《非美学手册》等著作。

证当代哲学的合法性，并在此基础上进一步发展哲学，实现哲学的更进一步，同时对巴迪欧哲学进行再思考，以期对其达到全面的认识和了解。

对哲学命运的解读，长期以来各个哲学流派各持说辞，各持己见，在这一过程中，反叛黑格尔、拒斥形而上学是哲学的主流状态和核心观点，伴随着哲学出现了语言学转向、分析哲学转向、现象学转向、生存哲学转向等，它也经历了被消解、被重构、被终结、被拯救的命运历程，伴随这一过程的是对哲学的性质和功能的新理解，以及对哲学合法性的质疑和重建。为了论证当代哲学的合法性，实现哲学的拯救和重构，巴迪欧首先对哲学终结论进行了反思性批判，指出哲学不是不可能的，而是被历史上的“缝合”体系所阻碍了，因此他主张，在今天要拿出纯粹的哲学的“解缝”的姿态，通过哲学与诸前提特别是诗的解缝以及哲学自身的“远征”来捍卫哲学的合法性，回归柏拉图的数学，以一种柏拉图主义的姿态，用数学开启当代本体论，以其独特的数学逻辑的视角创造性地建构了事件、真理、主体三位一体的本体论哲学，重新确立哲学在其原初意义上的可能性。同时，面对当今哲学的发展状况，巴迪欧要做的不仅仅局限于停留在对哲学的拯救，而是要进行新哲学的建构，将其目光转向真实的生活。因而，他还提倡哲学要更进一步，探讨哲学可能性的实现方式，推动哲学的向前发展。巴迪欧首先指出现今的哲学是“人为的哲学”，表现为矫揉造作的实存，哲学被法律、道德、伦理等束缚和绑架，为了修复哲学受到的科学主义和道德的重创，巴迪欧主张回归现实世界，从具体的事实出发，让真理以某种具体身体的方式在这个世界呈现自身，重构永恒的、在世的、革命性的真理，使真理从存在走向实存，为此，他创造性地引入“阶点理论”和“同一性函数”，通过实存不同的取值来说明真理的表象和哲学的实存。至于如何实现哲学的更进一步，巴迪欧主张哲学要有所介入，有所行动，以一种共产主义的姿态，构建事件轨迹、真理性身体、主体化三者有机统一的在世的新哲学，实现哲学的非在到实存。在这一过程中，身体成为一个重要的表征，通过主体化的身体，世界与历史也成为具体的事物，由此看出，巴迪欧的思想经历了从“超验”到“经验”、从“天国”到“尘世”的发展路径，让承担发现真理的主体有了在世之身，让事件有了在世之根，也让真理成为可以经验的东西。这样，巴迪欧实现了数学本体论到在世的新哲学的内在逻辑理路的推进，为当代哲学的合法性提供证明的同时，也为现代性所关切的形而上学（哲学）命运的问题提供了解决方案。

哲学的意义在于打开一个新的思想空间，巴迪欧对哲学的拯救重构乃至进一步发展打开了真理发展的新的空间，他对以真理为核心的哲学的拯救和发展对于哲学合法性的证明以及未来哲学的发展有着重要的理论和实践意义。在这里，真理是贯穿巴迪欧哲学思想的一条重要线索，在巴迪欧看来，哲学是对诸真理的把握，真理范畴是其哲学的一个核心概念，在对待真理问题上，巴迪欧不局限于《哲学宣言》中的“类性真理”（存在层面的真理的形式理论）和《第二哲学宣言》中的“真理性的身体”（实存层面的真理的表象和实存），近年来，巴迪欧更多地将目光转向研究真理视角下的事物，从真理的角度看存在和表象会如何，即真理的内在性问题，为此，巴迪欧创作了《存在与事件3：真理的内在性》一书，立足于探讨真理视角下的世界，旨在挖掘哲学与生活的关系，进而提出：存在哲学主体吗？如若存在，它如何为真正的生活或完整的生活开辟道路等问题，通过这些问题的探讨与分析，更为深刻和详尽地展现了巴迪欧哲学思想体系的整全轮廓。我想对于真理内在性的理解，是巴迪欧哲学研究者接下来应要关注的重要问题。

哲学作为一种理论形态的人类自我意识是“时代精神的精华”

和“文明的活的灵魂”，它不仅是对时代问题的理论自觉而且是对社会历史的反思性批判，面对当代资本主义的发展现实，巴迪欧所做出的拯救、重构乃至进一步发展哲学的努力，对资本主义实践及全球的政治实践提供了有益的指导。同时我们也要看到，巴迪欧哲学具有一定的时代局限性。当今时代是生产力飞速发展的资本统治的新时代，科学信息技术的发展彰显出历史的巨大变化，可以说巴迪欧的哲学在全球资本主义时代具有普遍的全球意义，但是我们还应看到，巴迪欧作为法国的左翼思想家，他的理论创造更多具有的是欧洲意义，对于我国马克思主义学者来说，他们所面对和感受到的社会现实与我国仍有重大的差别，中国特色社会主义建设的理论和实践，是当代人类文明中独特的道路、制度、理论和文化，我国的马克思主义哲学研究必须具有自己的现实感和理论范式。

导　论

一　阿兰·巴迪欧生平简介

阿兰·巴迪欧于1937年1月出生于摩洛哥（当时法国在非洲的殖民地）的一个小资产阶级的知识分子家庭，父母都是巴黎高师的高才生，父亲是数学家，母亲是文学家，从小父母就是巴迪欧学习和效仿的榜样。童年时期的巴迪欧在摩洛哥度过了一段美好而温馨的时光。据他记述：

> 我记得我父亲的形象，他是一个数学教师，我在白色别墅上看着他在紫色的叶子花下，在猎狗和仆人们的簇拥下打猎归来，弯腰端详着那些刚被猎杀的猎物。①

由此可见，巴迪欧童年时期的生活是十分惬意的，住着别墅，有仆人伺候，生活富足惹人羡慕，这样悠闲惬意的时光也铸就了后来巴迪欧那诗意般的品格，这从巴迪欧的诸多诗歌作品可以看出，从其诗意中所传达出来的恬静与和谐是巴迪欧难忘童年的缩影与写照。

---

① ［法］阿兰·巴迪欧：《世纪》，蓝江译，南京大学出版社2011年版，第92页。

再美好的生活也经不起战争的摧残，少年巴迪欧惬意的生活被世界大战所摧毁。父亲雷蒙·巴迪欧（Raymond Badiou）亲身参与到反纳粹的斗争当中，在少年巴迪欧心中树立了英雄的形象，这也一定程度上激起了巴迪欧对政治的浓厚兴趣，《元政治学概述》就是巴迪欧深入探讨政治的典型代表作；父亲对巴迪欧的另一个深刻的影响是在数学方面，作为数学家的父亲对巴迪欧可谓是言传身教，巴迪欧从父亲身上学习到当时最前沿的数学知识，长期以来的数学专业训练铸就了巴迪欧严谨的数学逻辑思维，这为巴迪欧日后创建“数学本体论”打下了坚实的基础，今天我们也可以看到，在巴迪欧的多部著作当中都进行着形式化的数学表达。雷蒙·巴迪欧作为一位数学家，他不仅教会了自己的儿子用数学思维进行思考，而且也把数学上那种严谨和逻辑性作为一种处世风格赋予了阿兰·巴迪欧，在其父亲的影响下，巴迪欧将一种哲性重新灌注在思想之中，使得思想克服那种虚无缥缈的生命的脉动和欲望，重新回归一种现实性，即一种根源于数学的现实性。因此，在巴迪欧那里，政治和数学是密不可分的，数学甚至构成了抵抗政治的有力武器，在父亲的影响下，巴迪欧甚至还自认为自己是彻头彻尾的理性主义者，这些都可以看成是父亲在巴迪欧身上的思想投射。

如果说巴迪欧的父亲是理性和严厉的理性主义者，巴迪欧的母亲则是感性和慈爱的非理性主义者，作为巴黎高师的高才生，巴迪欧的母亲主修法国文学，受母亲的影响，巴迪欧十分喜欢保罗·策兰（Paul Celan）、佩索阿（Pessoa）、兰波（Rimbaud）、马拉美（Mallarmé）等人的诗歌，并钟情于贝克特（Beckett）的戏剧、瓦格纳（Wagner）的歌剧、勋伯格（Schoenberg）和韦伯恩（Webern）的复调音乐。可见，巴迪欧也秉承了母亲情感当中感性的一面，他在一个带有自传性的文本中写道：

我母亲已经非常老了，而且父亲不在巴黎。我带她到餐馆吃饭。在那里，她给我讲了很多从未告诉过我的东西。那是最后一次我同自己的老母亲充满温情的讲述，讲述得那么感人。一天晚上，她告诉我，在她认识我的父亲之前，在她还在阿尔及利亚教书的时候，她爱上了一个哲学老师，对她来说，这是一次强烈而巨大的爱的冲动。这个故事绝对真实。我听着这个故事，很明显，我当时的处境你们可以想象，然后我对自己说：很好，那就是，我仅仅只是完成我母亲的欲望，而那个阿尔及利亚的哲学老师忽略了她的欲望。他已经成为别人的人，并且我做了可以用来安慰我母亲最痛苦的伤痛的事——这一直支撑着她到81岁高龄。①

诚然，巴迪欧用自己的行动去满足了母亲对哲学的情感与欲望，他成为法国哲学界炙手可热的哲学家、思想家，这是对母亲最好的慰藉。

作为哲学家的巴迪欧既秉承了父亲稳重严格的数学秉性，也渗透着母亲那感性慈爱的文学色彩。家庭成员之间的学养结构对巴迪欧的影响体现在他的哲学气质上，一方面，巴迪欧的思想肯定科学理性的基础作用，另一方面，又不失充分的诗性批判和人文情怀。他在 *Philosophy as Bibliography* 一文中说："哲学，或许这是唯一能够在文学母性和数学父性之间建立双重亲子关系和流动关系的方式，这就是为了哲学本身的需要学习的东西，最终哲学语言通常在数学和诗之间，母亲和父亲之间，建立自己的空间。"② 总而言之，

① Alain Badiou, "Philosophy as Bibliography", (February13, 2009), https://www.lacan.com/symptom9_articles/badiou19.html.

② Alain Badiou, "Philosophy as Bibliography", (February13, 2009), https://www.lacan.com/symptom9_articles/badiou19.html.

在父亲那里，巴迪欧学到的是严密的数学逻辑和激进的左翼姿态，受母亲影响，巴迪欧成就了自己思想的诗性批判和人文情怀，可见，正是数学家父亲的理性和严厉及文学家母亲的感性和慈爱的叠加铸就了具有独特性格和思维的哲学家巴迪欧。

1955 年，巴迪欧刚好 18 岁，当时的法国爆发了反阿尔及利亚殖民战争的反战运动，刚刚成年的巴迪欧和许多青年一样，走上了街头进行抗议斗争，遭受了警察的殴打，对于此事，已是图卢兹市市长的父亲雷蒙·巴迪欧对巴迪欧的态度是不闻不问，这使得父亲在巴迪欧心中留下了官僚气十足的左翼市长的腐朽形象，以往的崇拜之情不复存在，有的更多的是对父亲形象的质疑，父子两人在政治道路上分道扬镳，巴迪欧曾这样形容父亲的形象："我父亲传给我两个印象：在二战期间他参加反纳粹抵抗运动，以及他也是当权的社会主义的斗士，因为他在法国一个大城市图卢兹当了十三年市长。"① 与这种官方化的马克思主义（主要针对的是法共）相比，阿兰·巴迪欧更感兴趣的却是毛泽东主义和无政府主义，这也奠定了他在今后的道路上走了一条不同于其父亲那种仕途化的激进左翼路线。巴迪欧主张进行最彻底的革命，认为真正的政治道路需要披荆斩棘，需要经历血与火的洗礼，巴迪欧用色诺芬的远征来进行形容。确实，在后来的红色岁月里，巴迪欧成为最为激进的"毛主义"成员。

1957 年，年满 20 周岁的巴迪欧不负父母期望，如愿成为一名巴黎高师的学生。在这里，巴迪欧结识了对其一生都产生重大影响的几位导师，他们是：伊波利特（Hyppolite）、萨特（Sartre）、阿尔都塞（Althusser）和拉康（Lacan）。

---

① Alain Badiou, "Philosophy as Bibliography", (February13, 2009), https://www.lacan.com/symptom9_articles/badiou19.html.

作为当时巴黎高师校长的伊波利特是阿兰·巴迪欧大学入学面试的老师之一，他对巴迪欧的表现还是很满意的，对于巴迪欧早期创作的作品《大成之书》（*Almagestes*）（1959）及其续篇《航海图》（*Portulan*），以及其他小说和戏剧作品，伊波利特都认真品读，给予认可的同时也提出一些建设性的意见，这无形中成为巴迪欧日后创作的不竭动力，同时，伊波利特对黑格尔的《精神现象学》的解读也对巴迪欧的哲学思想的建构产生了较为深远的影响。

法国哲学家萨特对巴迪欧产生的影响是极大的，同为巴黎高师的学生，巴迪欧与萨特的交集并不多，较为亲近的一次接触是萨特回校做讲座期间，巴迪欧有幸迎接并陪同，其间巴迪欧还接触到梅洛－庞蒂（Merleau-Ponty）和康吉莱姆（Canguilhem），通过观看萨特的演讲以及萨特和梅洛－庞蒂的思想交锋，巴迪欧可谓是经历了一场别开生面的思想盛宴，特别是萨特对于“毛主义”的介绍深深地吸引了青年巴迪欧，巴迪欧在《主体理论》以及《存在与事件》中关于“毛主义”的阐释，以及巴迪欧对共产主义和“文化大革命”的理解，都某种程度上受到萨特阐释的影响。

阿尔都塞是巴迪欧的导师，可以说是对巴迪欧影响最深。在巴黎高师期间，巴迪欧谨遵导师阿尔都塞的谆谆教诲，对导师也是钦佩有加。1967 年，阿尔都塞成立了“斯宾诺莎小组”（groupe Spinoza），带领弟子们①一起阅读马克思的经典文本《资本论》。阅读的成果被收录在阿尔都塞在 1965 年主编的《读资本论》文集中，尽管巴迪欧并未参与《资本论》的小组阅读活动，但“斯宾诺莎小组”的活动对他的影响是深刻的。比如认识论断裂、症候阅读等概念，科学和意识形态的二分等思想，为巴迪欧哲学思想的形成奠

---

① 阿兰·巴迪欧、雅克·朗西埃（Jacques Rancière）、埃迪安·巴里巴尔（Tienne Balibar）、皮耶尔·马舍雷（Pierre Macherey）被统称为阿尔都塞的四大弟子。

定了一定的理论基础。

1967年,阿尔都塞在巴黎高师专门为科学家开设了一门哲学课。巴迪欧有幸成为研讨班精挑细选的一员,并将自己讲座上的演讲稿命名为《模式的概念》出版,这充分证明了阿尔都塞对巴迪欧的能力和思想的肯定,并放心地交给他这个倚重的弟子一个重要任务,那就是参加拉康的研讨班,当时同行的还有拉康的女婿让-雅克·米勒(Jean-Jacques Miller),可见,阿尔都塞是多么器重巴迪欧。而这一任务对巴迪欧思想的影响是冲击性的,拉康的精神分析学说为巴迪欧思想的形成提供了新的思想路径,这体现在巴迪欧的一系列的文章稿件当中,如阿兰·巴迪欧为带有拉康背景的杂志《分析手册》撰稿,其中包括两篇代表性的论文:《记号与空缺:论零》,和《无穷小的颠覆》,这两篇文章虽然都是谈论数学逻辑的论文,但是巴迪欧指出:"我在这个杂志(即《分析手册》)上发表的关于数学逻辑——那是我在那个时期的最大兴趣之一,现在也是我的兴趣——的两篇论文,非常接近并明显参考了拉康,尽管带着点批判的口吻,并与之保持了一段距离。"[①] 这里需要强调的是,此时的巴迪欧感兴趣的是拉康将数学和符号形式化表达纳入精神分析,尤其关注拉康所提出的"数元"(mathème)概念和"拓扑几何学"。统观巴迪欧80年代的一些作品,我们可以看到这些作品受到拉康思想启迪的印记,特别是《主体理论》,我们甚至可以说它是巴迪欧向拉康致敬的作品,巴迪欧称拉康写的东西至高无上,也坦言拉康的思想构成了其主要著作如《存在与事件》《世界的逻辑:存在与事件2》的重要思想渊源。

巴迪欧作为一个"毛主义者"和左翼激进分子,在六七十年代

① Alain Badiou & Élisabeth Roudinesco, *Jacques Lacan: Past and Present*, trans., Jason E. Smith, New York: Columbia University Press, 2014, p. 5.

频繁参与到各种政治性斗争之中。如参与“五月风暴”、参与街头的示威游行等，联合激进学生们一起编辑了名为《马克思—列宁主义手册》的小册子，在巴迪欧看来，这本小册子象征着他们这一支力量与法国共产党巴黎高师分部和共产主义学生联合会的决裂，预示着高师的共产主义机制陷入了危机。

20 世纪 80 年代，新自由主义思潮开始抬头，随着里根和撒切尔夫人的上台，新自由主义思潮重新成为时代的主导，人们关注的重点也从街头巷尾的斗争和革命转向如何生存和生活，如何栖身于资本主义发展的旋涡之中，左翼的革命运动也被新自由主义思潮所击退，革命的激进话语也被新自由主义的话语所消融和替代。巴迪欧和众多左翼思想家一样，开始退回到书斋和教室里重新思考革命的道路和可能性的问题，正是在这种背景和动机下，巴迪欧十分关注政治问题，撰写了《我们能思考政治吗?》，在理论上，巴迪欧创建了事件—真理—主体的三位一体的本体论哲学，提出了新的可能性；而在实践上，阿兰·巴迪欧再没有加入任何实际的政治组织，而是安心在巴黎高师担当哲学教授直至退休，而现在已经 84 岁高龄的阿兰·巴迪欧仍然笔耕不辍，不断阐发其理论思想。

二　选题缘由及研究价值

阿兰·巴迪欧是法国当代著名的左翼原创性思想家，在西方学界，特别是欧美学界，巴迪欧可以说是被学界公认为当代世界哲学思想史上影响最大的思想家之一，与斯拉沃热·齐泽克（Slavoj Zizek）、雅克·朗西埃、吉奥乔·阿甘本（Giorgio Agamben）等左翼思想家齐名，是福柯（Foucault）、德里达（Derrida）等思想大师相继去世之后出现在世界学术舞台前沿的新星，按照这样的评价，巴迪欧当为 20 世纪哲学的一个不可绕过的路标，是当代哲学研究不可逾越的一环，巴迪欧的思想也日益成为学界研究的重点。对于中国而言，特别是进入 21 世纪以来，人们对于巴迪欧的思想也不再陌生，并且对于巴迪欧乃至他的思想的研究也是呈现着一个增长的趋势。近年来，越来越多的学者开始从不同的研究视角来解读、诠释和演绎巴迪欧哲学，取得了丰硕的学术成果。我之所以选择巴迪欧的哲学思想作为本书的研究对象，一方面是与自己的学术知识积累相关，对巴迪欧哲学有着浓厚的理论兴趣；另一方面也主要是基于对当代哲学命运的关切以及对哲学合法性问题的思考。统观整个西方哲学史，从传统哲学到现代哲学，哲学经历了从知识女王、科学之母、最高智慧和第一原理，到哲学不被人们所欲望，被拒斥、被消解，被终结了的发展历程，这使得人们对哲学的合法性产生了质疑，也促使人们开始对未来哲学的命运进行思考。当代哲学真实地处于一种什么样的状况？哲学真的终结了吗？若哲学未终结的话，它又经历了怎样的发展？通过阅读巴迪欧，我发现这些问题可以在巴迪欧的哲学中找到答案，因此可以说，对于以上问题的思考激发我去探讨和研究巴迪欧的哲学思想。

对哲学命运的解读，长期以来各个哲学流派各持说辞，各持已见，在这一过程中，反叛黑格尔、拒斥形而上学是哲学的主流状态和核心观点，伴随着哲学出现了语言学转向、分析哲学转向、现象学转向、生存哲学转向等，它也经历了被消解、被重构、被终结、被拯救的命运历程，伴随这一过程的是对哲学的性质和功能的新理解，以及对哲学合法性的质疑和重建。怀特（White）在《分析的时代》中曾指出，现代西方哲学是从反叛黑格尔开始的，黑格尔之后的哲学经历了语言学、现象学以及逻辑实证主义转向等，黑格尔之后的经验主义、人文主义思潮注重感觉与直观体验，用生命、意志情感等非理性因素去拆解近代西方哲学的理想主义传统，进而取代和消解哲学，这是对哲学的合法性提出的质疑，这种质疑体现了西方哲学的世俗化、大众化和多元化的趋势，显示出对文化专制主义和学科专制主义反对，在此意义上，作为最高智慧和意识形态的旧哲学就终结了，这体现了西方文化发展的重大进步，也是哲学意识的重大进步。我们正视哲学意识的进步，同时也洞察到时下“哲学终结论”的盛行，面对时下流行的哲学终结论，哲学的合法性遭受前所未有的危机与挑战，巴迪欧怀着对哲学命运的深刻关切去重新思考哲学。在哲学遭受危机和普遍质疑的时代，面对哲学终结的种种怪现状，巴迪欧直面“哲学到底怎么了？”这个重大而首要的问题，主张对哲学进行拯救和重构。他首先承认哲学处于“病态之中”，虽然各派哲学都给出了不同的诊断，但都加重了哲学的病情，使其“病入膏肓”，处于茫然失措的状态，陷入前所未有的存亡危机，但巴迪欧强调，危机并不意味着死亡，哲学也并未终结。他说：“我不仅认为哲学在今天是可能的，而且这种可能性也不具有最终阶段的形式。”[①] 鉴于此，巴迪欧在哲学终结论盛行的时代主张拯救哲学、重构哲学，发出呼声，为哲学宣言，《哲学宣言》和《第二哲学宣言》也可以被称为拯救并发展哲学，捍卫哲学合法性的纲领性文件。同时巴迪欧的哲学思想有其独特性，其独特的数学化的哲学诠释方法也使得巴迪欧有别于其他哲学家，在系统分析了哲学终结的原因基础上，巴迪欧以其扎实的数学理论基础去解读和阐释哲学，创造性地建构了“事件、真理、主体”三位一体的数学本体论哲学，重新考察和审视了哲学，开辟了自己的一个全新的解释路径，在拯救哲学，论证今天哲学的可能性的同时，还不断探寻哲学的可能性的实现形式，主张哲学要更进一步，探讨在现存的世界之中哲学与真理的实存，构建其独特的事件轨迹、真理性身体、主体化三者有机统一的在世的新哲学，推动了哲学的向前发展。实

① ［法］阿兰·巴迪欧：《哲学宣言》，蓝江译，南京大学出版社 2014 年版，第 10 页。

现其哲学的内在逻辑理路的推进。同时，巴迪欧不只是书斋里的哲学家，面对当代资本主义的发展现实，巴迪欧还用他的哲学理论作出激进的回应，以解放政治学逻辑为最终旨归，能够对资本主义实践及全球的政治实践提供有意的指导。基于以上理由，笔者选择巴迪欧及其哲学思想作为研究对象，以期实现对哲学的创新性理解，探索当代哲学的命运及其发展道路。

目前国内巴迪欧哲学思想研究主要集中在事件哲学、主体理论、数学本体论，非美学思想，元政治学，共产主义假设等几个方面，本书立足于现代性的大背景，重新审视哲学的形而上学危机，以反思哲学合法性为出发点，梳理并解读巴迪欧从对以真理为核心范畴的哲学的拯救和重构到进一步发展哲学的内在逻辑理路的推演，这对于国内巴迪欧哲学思想研究来讲可以说是添砖加瓦，具有重要的学术价值。同时结合巴迪欧生活的时代背景来看，巴迪欧是1968年“五月风暴”的亲身参与者，在这场革命风暴中，巴迪欧铸就了自己反抗和激进的思想品格，倾心于走出书斋，付诸实际革命行动当中的“毛主义”，更以“毛主义者”自称。经过革命洗礼的巴迪欧特别关注社会现实，有着承载共产主义理念，促成对所有人而言平等和普遍的无限真理的生成的理想，这既有助于了解左翼马克思主义的新思潮，同时对于重新解读马克思主义经典著作，探讨政治主体全新的集体性组织方式等问题，从而打破资本主义全球化及其所鼓吹的经济主义以及资产阶级意识形态的沉闷统治，也具有重要的实践意义。同时随着新自由主义思潮的兴起，人们的革命激情也日渐冷却下来，取而代之的是为生活而奔波和忙碌，人们消融在资本主义的运行机制当中，受制于资本逻辑的统治，资本和技术的渗透带给人们的是悄无声息的、潜移默化的影响。面对当代资本主义的发展现实，哲学终结所带来的人类精神家园的缺失，哲学的理论指导地位的动摇，现代性问题突出等一系列问题，巴迪欧用他的哲学理论作了激进的回应，这无论是对于哲学自身还是当代社会而言都具有重要的时代意义，对于指导资本主义实践，克服资本逻辑对当代的统治，以及应对现代性的危机也有着重要的现实意义。同时我们说哲学的意义在于打开一个新的思想空间，巴迪欧对哲学的拯救重构乃至进一步发展打开了真理发展的新空间，他对以真理为核心的哲学的维护和发展对于未来哲学的发展以及当代社会的发展都有着重要的影响。

三　巴迪欧思想研究现状

阿兰·巴迪欧著作等身，是法国当代比较高产的哲学家、思想家，现今 84 岁高龄的巴迪欧仍然笔耕不辍，不断阐发其丰富的理论思想。他的著作大多以法文撰述，现今已有部分被翻译成英文、中文及各种语言。总体来看，对巴迪欧思想的研究国内外都尚处于起步阶段，目前呈上升的态势，相对而言，国外的研究要早于国内，成果也多于国内，并且国外对巴迪欧思想的研究也要比国内更为全面和深入。

（一）国外研究现状

本书的研究对象是巴迪欧的哲学思想，对于这一观点，国外学界并没有专门的著述，只是在不同的研究当中有所提及。据笔者能力所及，了解到目前国外巴迪欧哲学思想研究呈现以下发展状况。

从国外研究现状来看，相较于对德勒兹（Deleuze）、福柯等哲学家思想的研究来看，对巴迪欧哲学思想的研究起步较晚。我国较早关注并研究巴迪欧哲学的学者陈永国在他的《激进哲学：阿兰·巴丢读本》中指出，通过近期对法国 20 世纪哲学进行的两次英语调查发现，巴迪欧的名字未曾出现，而德勒兹和福柯则是学界关注的重点，并且“包括在1998年在内的Philosopher's index没有收入与巴丢有关的文章，而关于德勒兹的有106篇，有关福柯的656篇”[①]。由此可见，对巴迪欧思想的研究成果要少于德勒兹和福柯，因此国外巴迪欧思想研究专家彼得·霍尔沃德（Peter Hallward）也指出：“他的著作目前对英语世界还相当新，因为巴迪欧的整个哲学还仍然属于严格意义上的创新。”[②] 然而从21世纪初开始，特别是近十余年的时间，巴迪欧开始受到学界的广泛关注，他的著作如《存在与事件》《世界的逻辑：存在与事件2》等陆续被翻译成英文及其他语种，这大大加快了巴迪欧哲学思想的传播，除了著作的翻译之外，有关巴迪欧哲学思想研究的书籍和论文也如雨后春笋般出现，综合来看，国外巴迪欧哲学思想研究主要体现为以下几个方面。

第一，系统而全面地介绍和研究巴迪欧的思想，包括对其思想及著作的整体论述和评价。这方面的成果有2010年A. J. 巴特雷（A. J. Barlett）和贾斯汀·克莱门斯（Justin Clemens）主编的《阿兰·巴迪欧：关键概念》（*Alain Badiou：Key Concepts*），这本书目前已经有中译本，在国内也受到一定程度的关注，该书列举了巴迪欧与其联系密切的哲学家如柏拉图和德勒兹等的比较研究，同时介绍了巴迪欧哲学思想中的重要概念和范畴，为理解其哲学思想奠定了理论基础。2006年A. J. 巴特雷和贾斯汀·克莱门斯编写的《阿兰·巴迪欧的实践》（*The Praxis of Alain Badiou*）是学界公认的关于巴迪欧思想整体研究的重要著作，该书详细地论述了巴迪欧哲学的科学、政治、爱情、艺术四个前提，使读者对巴迪欧哲学的真理程式有了初步的了解。2003年彼得·霍尔沃德出版了专著《巴迪

---

① 陈永国主编：《激进哲学：阿兰·巴丢读本》，北京大学出版社2010年版，第4页。

② 陈永国主编：《激进哲学：阿兰·巴丢读本》，北京大学出版社2010年版，第3页。

欧：臣服于真理的主体》（*Badiou*：*subject to the truth*），对巴迪欧的主体理论有较为细致的分析和阐释，这部著作被学界公认为是最为清晰地阐述巴迪欧哲学思想的综合性研究成果，该书的前言被陈永国主编的《激进哲学：阿兰·巴丢读本》收录，我们可以对中译本进行品读。此外，奥利弗·费尔萨姆（Oliver Feltham）的《阿兰·巴迪欧：活的理论》（*Alain Badiou*：*Live Theory*），全面介绍了巴迪欧的以《模式的概念》一书的创作为例的“阿尔都塞主义时期”，以《矛盾理论》和《黑格尔辩证法的核心》为标志的“毛主义时期”，以《存在与事件》和《世界的逻辑：存在与事件2》为例证的“集合论的本体论时期”等其几个重要的思想阶段，以著作为线索呈现巴迪欧思想的发展历程。彼得·霍尔沃德主编的论文集《再思考：阿兰·巴迪欧与哲学的未来》（*Think Again*：*Alain Badiou and the Future of Philosophy*）中收录了一些重要论文，对巴迪欧哲学思想进行了批判性的介绍和讨论，为现今巴迪欧哲学思想的研究提供了重要的理论源泉。同时，彼得·霍尔沃德的专著《指类性主权：阿兰·巴迪欧的哲学》（*Generic Sovereignty*：*The Philosophy of Alain Badiou*），巴里巴尔（Balibar）的《真理之历史：法国哲学中的阿兰·巴迪欧》（*The history of Truth*：*Alain Badiou in French Philosophy*），贾森·巴克（Jason Barker）的《阿兰·巴迪欧：批判性介绍》（*Alain Badiou*：*A Critical Introduction*），法比恩·塔碧（Fabien Tarby）的《阿兰·巴迪欧的哲学》（*The Philosophy of Alain Badiou*）等，这些专著对于理解巴迪欧其人及其思想提供了重要的理论资源。

第二，从思想史角度对巴迪欧哲学进行研究。代表人物为齐泽克（Zizek）、尼克·胡列特（Nick Hulet）和彼得·霍尔沃德。齐泽克从阿尔都塞和拉康的传统考察事件哲学，认为“巴迪乌关于存在与事件、知识与真理的区分是阿尔都塞意识形态和科学之间的区分的翻版，而巴迪乌的主体理论是拉康主体理论的转换”[①]。尼克·胡列特认为事件哲学以人的解放为最终旨归，实现了对解放传统的复归。霍尔沃德指出，巴迪欧事件哲学反对传统本体论所主张的“存在是一”的观点，主张存在的多样性和差异化；拒斥诡辩论者的同时主张回归柏拉图；反对阿尔都塞的科学主义观念的同时主张主体的重要性。从这些研究可以看出，巴迪欧哲学思想深受柏拉图、阿尔都塞、拉康等哲学大家的影响。

第三，与其他哲学家的思想进行比较研究，最具代表性的成果是 1997 年出版的《德勒兹：存在的喧嚣》。在这本书中，巴迪欧对褶子、根茎等德勒兹的一些重要命题进行细致的分析与研究，为自己的一系列独创的概念提供借鉴。在此书的广泛影响下，学者们围绕巴迪欧和德勒兹进行理论书写，如乔恩·罗非（Jon Roff）的 *Badiou's Deleuze*（2012）和克洛科特（Crockett）及克雷顿（Clayton）的 *Deleuze Beyond Badiou*（2013）等，为德勒兹和巴迪欧思想的研究添砖加瓦。

第四，侧重于对巴迪欧哲学思想的某一方面进行研究，如对主体理论、事件哲学等理论的研究。有关事件哲学研究的代表人物有博斯特尔斯（Bruno Bosteels）、弗雷泽（Frazer）等。弗雷泽认为，巴迪欧的老师阿尔都塞对其早期思想的形成产生很大影响，他的《模式的观念》一书就是参加阿尔都塞主持的“保卫科学家”的哲学课程后，巴迪欧整理而成的发言稿，该书已经萌生了事件哲学的思想，也为《存在与事件》中以形式化范畴思考新事物出现的主旨奠定了基础；关于主体理论研究的代表人物有彼得·霍尔沃德、巴特雷和克莱门斯等，霍尔沃德在《巴迪欧：臣服于真理》（*Badiou*：

① ［斯洛文尼亚］斯拉沃热·齐泽克：《敏感的主体》，应奇等译，江苏人民出版社 2006 年版，第 146 页。

subject to the truth）中从巴迪欧的整个思想历程中探讨主体概念，阐述了主体理论的丰富内涵。巴特雷和克莱门斯编写的《阿兰·巴迪欧的实践》（*The Praxis of Alain Badiou*）则探讨了巴迪欧的主体概念与数学本体论的关系。

第五，集中于对其重要著作《存在与事件》进行专门的探讨与研究。代表人物有贾斯汀·克莱门斯、奥利弗·费尔萨姆、山姆·吉莱斯皮（Sam Giuespie）、贾森·巴克和彼得·霍尔沃德。费尔萨姆和克莱门斯认为巴迪欧的事件哲学致力于探讨主体理论和现代本体论的关系，认为后结构主义取消行动主体以及其行动可能性的行为，只会"滑入了非政治主义的反讽中"[①]。山姆·吉莱斯皮认为新事物概念是一种与过去东西的完全断裂，强调断裂在事件发生时的重要作用。贾森·巴克和霍尔沃德认为事件哲学最基本的内涵是关于真理的激进话语，之所以激进是因为巴迪欧将激进的变革理论与形式化的、平等的思想观念联系起来，以便"既坚持柏拉图式的革新（坚持真理的普遍永恒性），又坚持萨特式的革新（坚持主体介入）"[②]。区别于柏拉图和萨特的是，巴迪欧主张通过事件对既定的情势进行改造并与现状彻底决裂，进而实现其真理的激进变革。

（二）国内研究现状

与国外学者的研究相比，国内学界对巴迪欧思想的研究起步更晚，目前仍集中在译介和理论介绍、解读的阶段。总体说来，国内目前在对巴迪欧哲学文本的翻译、理论的引入介绍以及对某一思想进行解读三个大方面取得了一定的进展。

---

① Badiou, A, *Infinite Thought*: *Truth and the Return to Philosophy*, J, Clemens&O, Feltham (ed. &tr.). London: Continuum, 2003, pp. 3 – 4.

② Hallward, P, ed., *Think Again*: *Alain Badiou and the Future of Philosophy*, London: Continuum, 2004, p. 29.

第一，文本的翻译。巴迪欧思想近年来越来越受到学界的广泛关注，这得益于其理论的翻译和引介的学者们的辛苦付出，陈永国和蓝江是其中的典型代表，其他学者们也都投入巴迪欧著作的翻译当中，取得了较为丰硕的成果。包括陈永国的《激进哲学：阿兰·巴丢读本》（2010）、蓝江翻译的《世纪》（2011）、《小万神殿》（2014）、《哲学宣言》（2014）、《第二哲学宣言》（2014）、《元政治学概述》（2015）、《关键概念》（2016）、蓝江和吴冠军合译的《当下的哲学》（2017）、《数学颂》（2017）、《存在与事件》（2018）、《何为真正生活》（2019）、《戏剧颂》（2021），由此可见，蓝江教授是国内巴迪欧思想研究的专家和领军人物，为国内巴迪欧哲学思想的研究提供了重要的理论资源。其他的译著还包括邓刚翻译的《爱的多重奏》（2012）、董斌孜孜的《圣保罗》（2015）、张璐的《当前时代的色情》（2015）、曹丹红的《柏拉图的理想国》（2015）、严和来的《维特根斯坦的反哲学》（2015）、刘冰箐的《海德格尔：纳粹主义、女人和哲学》（2016）、邓冰艳的《论争：关于当代政治与哲学的对话》（2016）、李佩纹的《哲学与政治之间谜一般的关系》（2017）、艾士薇的《瓦格纳五讲》（2017）等。同时，巴迪欧重要的学术论文也被学者们部分译介，如《国外理论动态》上刊登的赵文翻译的《共产主义的构想》、杜小真翻译的《哲学与政治》、陈杰、李谧翻译的《当代法国哲学思潮》等，可以说，国内学者们的翻译和介绍较为全面和准确地展现了巴迪欧的整体思想，这为巴迪欧哲学理论的引入和解读提供了良好的资源。

第二，理论的引入及介绍。从近几年的研究成果来看，对巴迪欧其人其思的介绍主要表现为结合巴迪欧生平，总体评价和介绍其思想。关于巴迪欧的介绍，如蓝江的《谁是阿兰·巴迪欧?》对巴迪欧本人及其思想进行了全面的介绍，使读者形成对巴迪欧的较为全面的了解；蓝江的《回归柏拉图：事件、主体和真理——阿兰·

巴迪欧哲学简论》一文是对巴迪欧哲学思想进行介绍的最为重要的代表性作品，使人们对巴迪欧的哲学概况有了全面而细致的了解；关于巴迪欧著作的介绍，如蓝江的《从元结构走向类性真理：浅析巴迪欧的〈元政治学概述〉》，张莉莉的《“创造真理”：从存在到逻辑——评阿兰·巴迪欧〈世界的逻辑：存在与事件2〉》，王璞的《七十年代：政治消逝的时刻——谈巴迪欧的〈主体理论〉》等，这些文章为学界品读巴迪欧的著作和思想提供了理论借鉴；吕清平、蔡大平的《西方学界关于巴迪乌思想研究综述》是目前国内最早的对巴迪欧思想研究进行综述性的介绍，该文主要集中探讨了事件哲学在国外的研究现状，指出事件哲学是巴迪欧思想的核心，从事件哲学的起源、内涵和思想史定位三方面出发，结合国外的研究成果进行论述，得出西方学界对其存在误解，中国学界对其仍十分陌生的结论。同时关于巴迪欧思想研究的学位论文也陆续出现，如2011年南京大学吕清平博士的《存在与事件的断裂辩证法——巴迪乌〈存在与事件〉研究》，2012年华中师范大学艾士薇博士的《非美学思想研究》，2013年复旦大学张莉莉博士的《从结构到历史——阿兰·巴迪欧主体思想研究》，2019年南京大学王欢博士的《阿兰·巴迪欧的主体理论研究》等，统观众多研究成果发现，期刊论文居多，学位论文较少。同时，2018年蓝江最新出版的《忠实于事件本身：巴迪欧哲学思想导论》是目前国内学界公认的对巴迪欧思想研究最为权威和详细的论述。这些都为增进对巴迪欧哲学思想的理解和深入解读提供了良好的资源。

第三，围绕某一思想内容进行研究。目前国内巴迪欧哲学研究主要围绕四点展开。在哲学观方面，学者们围绕巴迪欧的事件哲学进行解析，以数学本体论为基础，重点剖析了事件、主体、真理三位一体的本体论哲学；在政治观方面，围绕《元政治学概述》探索了巴迪欧的政治立场，一种政治与元政治的区别，政治的本质及其评判标准；在唯物史观方面，揭示了巴迪欧的共产主义假设（观念）思想，分析其内涵和实质，指出其实践的可能性；在艺术观方面，探索了巴迪欧的非美学思想，重新解读艺术、哲学和真理的关系，以及艺术的程序机制；学者们在上述研究中形成了诸多共识，但也存在一些分歧，这为以后巴迪欧哲学的研究提供了借鉴。

具体看来，在哲学观方面，学者们围绕巴迪欧的主体理论和事件哲学进行解析，以数学本体论为奠基，重点剖析了事件、主体、真理三位一体的本体论哲学。蓝江在《主体理论》中指出，巴迪欧从数学本体论出发，在集合论视域中探讨事件、主体与真理，认为事件之后才能诞生主体和真理，“主体就是对事件之后的真理的忠实运算程序，赋予事件产生的不可辨识之物以一种可辨识的形式”①。也就是说，事件的爆发转瞬即逝，需要主体的介入对其进行命名使其延续，只有主体忠诚于事件才能产生真理。同时蓝江还进一步指出，主体通过给事件命名而产生真理，但由于主体仅存在于事件和既定情势循环的断裂处，因而是稀缺的，需要它通过自己的积极行为，将事件和真理缝合在一起。这一过程被巴迪欧描述为“主体以事件的介入重新界定了情势，这新的界定就是真理生产的一般程序”②。高宣扬的《论巴迪欧的“事件哲学”》③ 一文立足于当下人们所面对的自然灾害、经济危机乃至恐怖事件的现实，主张从世界本身出发，思考这一系列事件背后隐藏的东西。哲学的事件性本性也促使其自觉地建立自然科学、生命哲学、现象学等人文社会科学之间的联系，重新思考人之生命的创造本质，进而解决哲学与实践的错综复杂的关系问题。艾士薇的《通往真理的事件——论

① 蓝江：《主体理论》，《上海文化》2015 年第 10 期。

② 蓝江：《回归柏拉图：事件、主体和真理——阿兰·巴迪欧哲学简论》，《南京大学学报》（哲学·人文科学·社会科学）2009 年第 3 期。

③ 高宣扬：《论巴迪欧的“事件哲学”》，《新疆师范大学学报》（哲学社会科学版）2014 年第 4 期。

阿兰·巴迪欧的“事件哲学”的理论基础》[1]从思想起源上指出，巴迪欧之所以提出第三种主体范式，主要是针对传统唯物和唯心主义的主体范式，前者将主体与身体等同起来，后者则主张身体与主体的分离，这是巴迪欧所反对的，在巴迪欧看来，主体和身体是同一的，即巴迪欧所谓的主体化的身体，主体在真理轨迹中生成，居于事件和真理之间，并忠诚于事件。在《论阿兰·巴迪欧的主体观》中，艾士薇进一步指出：“忠诚的主体也是真理的必备条件，只有忠诚于事件的主体，才能伴随着事件，一同迎来真理。”[2]袁蓓的《主体之死抑或主体的重建？——巴迪欧“哲学宣言”中的主体思想研究》[3]指认了当今人们处于现代性的危机之中，受资本逻辑的统治的现状，指出世界不稳定的同时，人也成为碎片化的人，哲学也陷入了前所未有的危机之中，失去了其本身的批判反思的特性，因此巴迪欧主张用真理性的哲学去拯救现代性的危机。何莉莉同意上述看法，她也认为：“事件、真理、主体贯穿于巴迪欧著作的始终”[4]，三者的内在统一是了解巴迪欧思想理论的出发点和切入点。在存在层面上，事件是切入点，主体是中介，真理是目的，三者密不可分；在世界的呈现层面，事件是事件轨迹，主体是主体化的身体，真理是真理性的身体。三者具有内在统一性。

可见，国内学界对巴迪欧哲学观研究主要集中在事件、主体、真理三位一体的数学本体论哲学，总体来看主要有两条逻辑理路，

---

① 艾士薇：《通往真理的事件——论阿兰·巴迪欧的“事件哲学”的理论基础》，《中国政法大学学报》2013年第6期。

② 艾士薇：《论阿兰·巴迪欧的主体观》，《吉首大学学报》（社会科学版）2014年第4期。

③ 袁蓓：《主体之死抑或主体的重建？——巴迪欧“哲学宣言”中的主体思想研究》，《教学与研究》2015年第7期。

④ 何莉莉：《阿兰·巴迪欧的事件、真理、主体的方法论特质》，《文化学刊》2015年第7期。

一是以事件为核心，集中探讨事件在“三位一体”中的地位和作用；二是以主体为核心，挖掘主体之于“三位一体”中事件和真理的作用及意义。学者们有单独阐发巴迪欧的事件哲学、主体观和真理观的，也有将三者结合在一起进行论述的，目的都是介绍巴迪欧的以数学为基础的本体论哲学。准确把握三者的内涵，有利于人们理解巴迪欧所探讨的哲学问题，也为我们理解巴迪欧的政治观、共产主义假设思想和非美学的艺术观提供思想基础。同时我们也看到，相对于分析得较为透彻成熟的事件和主体，真理问题在学界仍旧处于探讨阶段，近年来，有关真理是否存在以及真理与共产主义关系的研究等话题日益凸显。巴迪欧主张拯救并恢复真理的权威，真理问题一直是其所关注的重要问题，尽管事件是真理的前提，主体是真理的表现形式，但真理一直是巴迪欧哲学的核心目标，是其全部思想得以成立的前提，正如兰波在《地狱一季》结尾处所说的“真理，在灵与肉中”。巴迪欧对真理的研究仍在继续，他在前不久出版的以真理为核心的《存在与事件 3：真理的内在性》一书也将成为接下来学术界进行巴迪欧哲学研究的重要资源。

在政治观方面，学者们围绕《元政治学概述》一书进行解析，探讨了巴迪欧为什么关注政治，持有什么样的政治观，其政治立场是什么，他的元政治学有着怎样的内涵和实质等问题，通过上述问题的探讨我们发现，巴迪欧的目的是通过区别“一种政治”与“元政治”，批判“一种政治”，从政治自身进行思考，进而实现一种自由政治。蓝江的《从元结构走向类性真理：浅析巴迪欧的〈元政治学概述〉》[①] 指出，巴迪欧批判一种政治，提倡构建元政治学，并在此基础上重建政治本体论，从政治上进行革命和解放，进而改

① 蓝江：《从元结构走向类性真理：浅析巴迪欧的〈元政治学概述〉》，《马克思主义与现实》2010 年第 6 期。

变社会。吴兴华在《作为真理程序的政治——阿兰·巴迪欧对政治的解读》[①]一文中进一步指出，巴迪欧从批判政治哲学出发去理解政治，为摆脱专制，主张与国家保持距离，约束国家权力，进而实现平等的“真之政治”，至于如何实现，他认为要回到政治本身来思考政治，将政治从哲学的绑缚中解放出来，通过数学本体论来“复兴”真理，进而建构作为真理程序的“真之政治”。张莉莉的《真理程式：巴迪欧论政治平等何以必要与可能》立足于数学本体论指出：“巴迪欧以数学为模型批判了伦理支撑的政治，强调真正的政治是一个致力于平等主义的真理程式，即同时承载思想和实践、法律和欲望的真理生产过程。”[②]李健的《巴迪欧的元政治学——一种反政治哲学的姿态》[③]主张撕开资本主义代议制的丑陋面具，揭露其真实面目，追寻真理，实现“真之政治”。至于如何实现“真之政治”，李健的《巴迪欧元政治学的三维解读》[④]立足于元政治学的定义，对其进行真理程序的政治解析，主张打破衡量政治的伦理的和意见的既定标准，让其以“真之政治”的形式呈现。艾士薇在《作为真理生产程序的政治——论阿兰·巴迪欧的政治哲学观》中指出，巴迪欧的政治观以其事件哲学为理论基础，“集体的、普遍的、最终生成平等与同一是生产真理的政治事件的三个条件”[⑤]，政治本身是中性的，当其与某种思想结盟之后，政治在某种程度上被绑架了，政治成为政治家的工具，成为他们为自己“谋利”的挡箭牌。总之，巴迪欧区分了“一

---

① 吴兴华：《作为真理程序的政治——阿兰·巴迪欧对政治的解读》，《温州大学学报》（社会科学版）2018 年第 5 期。

② 张莉莉：《真理程式：巴迪欧论政治平等何以必要与可能》，《当代国外马克思主义评论》2017 年第 5 期。

③ 李健：《巴迪欧的元政治学——一种反政治哲学的姿态》，《北方论丛》2016 年第 1 期。

④ 李健：《巴迪欧元政治学的三维解读》，《理论建设》2016 年第 2 期。

⑤ 艾士薇：《作为真理生产程序的政治——论阿兰·巴迪欧的政治哲学观》，《福建论坛》（人文社会科学版）2016 年第 5 期。

种政治”与“政治”，批判以善恶的伦理标准为基础的资本主义代议制的“一种政治”，主张从政治自身出发，去建立一种真理程序之政治，即元政治学。而要想实现元政治——真正的普遍性的政治，在巴迪欧看来，必须与国家保持距离，使政党和群众挣脱国家的束缚。由上可知，巴迪欧对传统政治哲学的批判性反思体现了其哲学具有“解构性”特性，然而，他对政治的别样的解读和阐释也体现了思想的“建设性”，这种“建设性”进一步延伸到他的唯物史观领域。

在唯物史观方面，学者们探索了巴迪欧的共产主义观念（假设）思想，王金林的《论共产主义假设》[①] 指出，共产主义假设思想是巴迪欧针对20世纪资本主义社会存在的一系列问题和危机提出的。共产主义假设作为范导性概念，是一种纯粹的平等观念，用来反对国家强制，批判当下的世界秩序的。而身属观念、心在政治的共产主义假设思想具有一定的抽象性，所以人们对于巴迪欧的理论设想还存在疑问。在《关于共产主义的观念》一文中，S. 塞斯轩进一步指出：“共产主义观念在资本主义危机中再次受到广泛关注”[②]，作为一种观念的共产主义，也是一种信仰，它的未来是不确定的和开放的，只有在对事件的忠诚中才能实现。不同于马克思的历史的、稳定的、渐进的发生，巴迪欧的共产主义观念、事件是无关历史的、任意的、偶然的、不可预期的，是由人们的意志所支配的。蓝江进一步区分了巴迪欧的共产主义观念和传统经典马克思主义的共产主义思想。指出：“共产主义是马克思主义解放政治的最终归属，巴迪欧的共产主义观念是其解放政治学，只有在肯定的辩

---

① 王金林：《论共产主义假设》，《马克思主义与现实》2010 年第 3 期。

② S. 塞斯轩：《关于共产主义的观念》，《马克思主义与现实》2017 年第 5 期。

证法上进行理解，才有所谓的共产主义的命题。”[①] 同时，巴迪欧在他的《我所理解的马克思主义》一文中强调，共产主义作为马克思主义的核心立场，是以政治为其核心范畴的，这个政治并非隶属于国家的官方意识形态，“它是人民群众认识与行动之间的连续性操作”[②]。可见，共产主义观念与巴迪欧的政治息息相关。范春燕在《一种新的共产主义——当代西方左翼学者论“共产主义观念”》[③]中从政治角度阐述了共产主义观念的内涵，在她看来，共产主义是关于激进政治和激进哲学的新的观念，它不借助国家并自觉和国家保持距离，与各种经济主义划清界限，在此基础上的共产主义观念是一种新建构的“新共产主义”。同时，虽然共产主义观念由于缺乏经济和历史因素而远离了现实，具有一定的乌托邦色彩，但危机中重生的共产主义观念作为一种新的可能性的名称，是对可能性的信念和期望，具有其实践的可能性。汪行福的《为什么是共产主义？——激进左派政治话语的新发明》[④] 一文总结了巴迪欧论述的共产主义观念的三个序列，认为前两个序列确立了共产主义观念，确立并实现了纯粹的平等的理想，但随着苏联社会主义的失败，巴迪欧主张积极确立第三序列。同时，汪行福也认为巴迪欧数学思维的运用使得其共产主义观念缺少现实的具体的历史维度，具有一定的超验性，忽视经济因素、超越历史情境的共产主义观念也难逃宗教神秘主义和抽象唯心主义的指责。

在艺术观方面，巴迪欧提出了著名的“非美学思想”，蓝江的

---

① 蓝江：《巴黎公社与共产主义观念——析巴迪欧的解放政治学的逻辑》，《马克思主义与当代思潮》2011 年第 3 期。

② 蓝江：《作为肯定辩证法的共产主义观念——巴迪欧的解放政治学》，《毛泽东邓小平理论研究》2017 年第 9 期。

③ 范春燕：《一种新的共产主义——当代西方左翼学者论“共产主义观念”》，《马克思主义研究》2014 年第 5 期。

④ 汪行福：《为什么是共产主义？——激进左派政治话语的新发明》，《当代国外马克思主义评论》2010 年第 8 期。

《非美学与作为真相程序的艺术——巴迪欧的艺术思想简论》[①] 认为，从思想来源和基础上看，巴迪欧是在反思现实生活世界的基础上，提出其非美学的艺术观。现实社会中人们被包裹在虚构假象的蒙太奇之中，看不到真实世界，看到的只是规则和欲望想让其看到的东西，这显然是巴迪欧所反对的；就非美学思想的内涵和本质而言，蓝江指出，巴迪欧在《非美学手册》中阐释了非美学要探索的是哲学、艺术和真理的关系。艺术不是哲学的对象，它本身就是真理的生产者，不同于通常我们熟知的美学思考，非美学展示的是艺术作品所呈现的哲学效果。艺术通过非美学的程式操作，通过一种运算方式，找到蒙太奇背后的真相，让人们直面真实的生活，理解那些无法理解的东西。艾士薇、毕日升都主张巴迪欧的非美学是针对传统美学提出的，艾士薇在《从“非美学”看巴迪欧的当代艺术观》中论述了巴迪欧所批判的“教诲式”（以柏拉图为代表）、“古典式”（以亚里士多德为代表）、“浪漫式”（以海德格尔为代表）三种传统美学方案，认为伴随时代的更迭，传统美学方案已经不再适用于对现代艺术、美学问题的阐释，因为贯穿于其中的哲学与艺术、真理与艺术的关系变得不同。因此他提出了作为第四种美学方案的“非美学”。就非美学思想的内涵和本质而言，艾士薇指出，巴迪欧视域下的艺术不表达某种固有的理念，也不局限于现实的具体的感性的活动，“艺术是针对每一个人的真理的非个人产物”[②]。艺术是真理的生产者，是一种典型的真理生产程序，不同于传统美学的哲学决定艺术，在巴迪欧看来，艺术是哲学的前提，艺术具有自身的独特性，可以自我生成和展示，具有独立于哲学的主体性，通过

---

① 蓝江：《非美学与作为真相程序的艺术——巴迪欧的艺术思想简论》，《文艺理论研究》2014 年第 2 期。

② 艾士薇：《从“非美学”看巴迪欧的当代艺术观》，《文艺理论与批评》2013 年第 1 期。

艺术创作，可以将人们从金钱、权力之中解放出来，当代艺术所呼唤的正是一种新的可能性和一种新的自由精神，力图去创造新的可能性，追随真理之光。

同时，“创造之爱”和数学本体论思想也是巴迪欧重要的哲学思想，但这两方面国内研究不多。关于创造之爱，叶晓璐在《“爱就是不断地重新创造”——读巴迪欧的〈爱的多重奏〉》指出，爱是一种真理的建构，是一种产生真理的程序，现实中相互差异的个体是“二”，它们不会变成“一”，是爱使其不断差异又不断靠近。爱作为通向真理的步骤，是关于“二”的真理，所以，爱需要忠诚，需要不断地宣言，需要持续和创造。对于数学的研究有蓝江的《巴迪欧事件哲学的数学本体论基础》，艾士薇的《论阿兰·巴迪欧哲学思想的数学基础》，袁蓓的《巴迪欧的数学本体论究竟意味着什么》等，主要是认为巴迪欧的哲学是数学本体论的，巴迪欧借鉴康托尔①（Cantor）和保罗·科恩②（Paul Joseph Cohen）的集合论，将其与哲学进行嫁接，建构了自己独特的数学本体论，奠定了其哲学思想的理论基础。

统观以上国内外巴迪欧思想的研究现状我们发现，国内外对巴迪欧思想的研究呈现迅速增长的态势，理论成果也较为丰富，但由于巴迪欧哲学语言的晦涩（数学语言的抽象的运用）致使学者们的研究大多局限于翻译和介绍巴迪欧的思想，缺少精细的解读和抽象的概括。同时，从国内学界对巴迪欧思想的研究看，并没有专门针对巴迪欧哲学思想的研究。即巴迪欧是怎样看待哲学的，怎样理解哲学、捍卫哲学的、论证哲学的合法性问题，巴迪欧的哲学又是什

---

① 格奥尔格·康托尔（1845—1918），德国数学家，集合论的创始人，他对数学的贡献是集合论和超穷数理论，主要代表作有《一般集合论基础》等。

② 保罗·科恩（1934—2007），当代著名的美国数学家，他证明了连续统假设和选择公理，并创造了力迫法，使其在集合论中得到了广泛的应用。

么样的？即哲学如何更进一步？他是如何建构其在世的新哲学的？许诺哲学一个什么样的未来？对于这些问题的研究有待于进一步的开展。

（三）创新点和不足之处

创新点：目前学界对巴迪欧思想的研究主要集中在非美学思想研究，共产主义观念（假设）思想研究、围绕《元政治学概述》的政治观研究以及事件哲学、主体理论、数学本体论研究等，对于面向真理本身的巴迪欧的哲学思想学界还没有专门的著述和研究。巴迪欧认为哲学是对真理的把握，真理是哲学的核心范畴，虽然事件哲学是理解巴迪欧哲学的前提性准备，但作为哲学核心范畴的真理更是其哲学的理论旨归，鉴于此，本书以真理为内在逻辑线索，旨在探讨巴迪欧如何实现对哲学的拯救，实现哲学向以真理为核心范畴的自身的回归，重新确立哲学在其原初意义上的可能性，进而捍卫哲学的合法性；同时在此基础上进行新哲学的建构，探寻哲学的可能的实现方式，实现哲学的更进一步发展，以两本“哲学宣言”为主要文本依据，梳理和解读巴迪欧哲学思想的理论内涵和内在发展的逻辑理路。同时将巴迪欧的哲学观放在哲学史坐标系中进行考察，探索巴迪欧哲学给当代哲学带来了哪些新思想，又有什么样重要的意义，特别是其与经典马克思主义哲学的关系。哲学是时代精神的精华和文明的活的灵魂，任一时代的哲学都与哲学家所处的时代背景和所经历的社会境遇密切相关，因此本书还要探讨巴迪欧哲学与当代社会的关系，主要立足于其与当今世界的政治实践、资本主义新时代的资本逻辑的统治之间存在的关联，明确巴迪欧哲学之于当代社会有着哪些理论和实践的借鉴意义，同时分析其哲学思想的局限性，以期达到对巴迪欧哲学思想的全面的认识。

不足之处：巴迪欧哲学思想对于国内还很新，其思想译著较少，阅读外文文献比较困难，仅就国内的资源怕是不能详尽对巴迪欧哲学思想的理解与阐释。同时，巴迪欧的写作风格十分独特，他的著作包含许多数学逻辑推理，数学式的分析问题的方式使其作品逻辑性十足，理论运演也十分清楚明白，但多变的符号和烦琐的推理给读者带来较大的困难，对于其著作的阅读和解析需要投入较多的时间和精力，也正因为此，巴迪欧的思想相较同时代的福柯等当代法国哲学家而言，较少为世人所关注。本书尽可能地还原巴迪欧哲学思想之真意，但由于学科的局限性，对于其数学式的逻辑推理的理解存在一定困难，可能在某些概念和理论的阐述上存在偏颇。

四　研究思路与主要内容

本书的研究思路是，首先明确选题缘由及研究对象。本书从现代性的典型问题，即哲学面临的终结的危机出发，反思当代哲学的合法性，以巴迪欧的哲学思想为研究对象，遵循真理发展的逻辑线索，探讨巴迪欧如何实现对以真理为核心的哲学的拯救和重构，论证当代哲学的合法性，并在此基础上进一步发展哲学，实现哲学的更进一步；同时对巴迪欧哲学进行再思考，以期对其达到全面的认识和了解。

本书除了序言、导论与结语之外，共分为四个章节，第一章，主要介绍巴迪欧哲学的理论基础，包括思想基础、历史背景和时代状况，明晰巴迪欧哲学所处的具体语境，明确在此背景下的哲学危机产生的原因及表现。从思想基础上看，父母的言传身教，萨特、阿尔都塞、拉康和康托尔的理论对巴迪欧哲学思想的形成有着重要而深远的影响；从历史现实来看，五月风暴、冬月革命，毛主义思想以及新自由主义思潮成为巴迪欧哲学思想产生的历史背景；而对于后现代哲学语境中哲学所面对的时代危机，巴迪欧做出了拯救和重构哲学的理论回应。

第二章，围绕《哲学宣言》展开，主要论述巴迪欧如何实现对以真理为核心范畴的哲学的拯救和重构，进而捍卫哲学的合法性。在此部分，巴迪欧首先对哲学终结论进行了反思性批判，指出哲学不是不可能的，而是被历史上的缝合体系所阻碍了，巴迪欧主张，在今天，要拿出纯粹的哲学的“解缝”的姿态，通过哲学与诸前提特别是诗的解缝以及哲学自身的“远征”来捍卫哲学的合法性，回归柏拉图的数学，以一种柏拉图主义的姿态，借助于关键性事件的发生去拯救哲学，使哲学回归自身，以数学集合论为理论基础，构建了事件、主体、真理三位一体的数学本体论哲学，重新确立哲学在其原初意义上的可能性。在这里，数学在巴迪欧哲学中具有基础性的地位，也是了解巴迪欧思想的前提性准备，因为，巴迪欧认为形式化在其哲学那里是唯一确定的东西，形式化的数学可以完成构建本体论的要务。借助于康托尔的集合论，特别是保罗·科恩的类性集合思想，巴迪欧建构起了拯救哲学的数学本体论，完成了治愈反柏拉图主义的病症和拯救哲学的要务，使哲学向以真理为核心目标的自身回归。

第三章，在第二章的基础上进一步指出，面对当今哲学的发展状况，巴迪欧要做的不仅仅局限于停留在对哲学的拯救，而是要进行新哲学的建构，将其目光转向真实的生活。因而，他还提倡哲学要更进一步，探讨哲学可能性的实现方式，推动哲学的向前发展。巴迪欧首先指出现今的哲学是一种“人为的哲学”，表现为矫揉造作的实存，哲学被法律、道德、伦理等束缚和绑架，为了修复哲学受到的科学主义和道德的重创，巴迪欧主张回归现实世界，从具体的事实出发，让真理以某种具体身体的方式在这个世界呈现自身，重构永恒的、在世的、革命性的真理，使真理从存在走向实存，为此，他创造性地引入阶点理论和同一性函数，通过实存不同的取值来说明真理的表象和哲学的实存。至于如何实现哲学的更进一步，巴迪欧主张哲学要有所介入，有所行动，以一种共产主义的姿态，构建事件轨迹、真理性身体、主体化三者有机统一的在世的新哲学，实现哲学的非在到实存。这一部分的文本支撑主要是《第二哲学宣言》，巴迪欧在这里所要做的工作不仅仅局限于解构“哲学终结论”，更多的是重构性的工作，即在世界之中重新审视自己的理论，重新找到通向他理论大厦的道路，这也体现了巴迪欧哲学的内在逻辑的推进，代表了当代哲学的一种建设性转向。

第四章，在前三章的基础上分别从巴迪欧哲学与经典马克思主义哲学以及当代社会的关系出发，立足于历史和现实的基础上对巴迪欧的哲学进行再思考，以期加深对其理论的理解的同时，发现其思想局限。首先，是巴迪欧哲学与经典马克思主义哲学的关系，将巴迪欧哲学放在马克思的理论传统或理论坐标系中对其进行考察和研究，认为马克思主义实践观点的思维方式、社会存在本体论和马克思主义哲学的辩证法在某种程度上为巴迪欧哲学提供了理论起点、理论内涵和理论方法。其次，对于巴迪欧哲学与当代社会的关系，笔者立足于其与当今世界的政治实践、资本主义新时代的资本逻辑的统治之间存在的关联，探讨巴迪欧的以解放政治为其最终理论旨归的哲学给当今世界的政治实践带来什么新东西；在资本和技术占主要统治地位的当代社会，巴迪欧的哲学对于当代资本主义社会的发展实际有着哪些有益的指导，为我们的发展指明了怎样的思想方向，在此基础上明确巴迪欧哲学之于当代社会有着哪些理论和实践的借鉴意义，同时分析其哲学思想的局限性，以期达到对巴迪欧哲学的全面认识。

结论，对上述四章的内容进行系统的总结，明晰面向真理本身的巴迪欧哲学思想的内涵、意义与局限，在此基础上进一步推进巴迪欧哲学思想的研究。

第一章

巴迪欧哲学思想的理论基础

一　思想基础

巴迪欧是当代较为高产的哲学家，他涉猎十分广泛，并将多个不同类型的思想“缝合”到一起，形成了其独特的思想风格。一方面，父母的言传身教使得巴迪欧形成了严谨的数学、逻辑、理性推理思维方式的同时，又不失饱满的文学情怀；另一方面，巴迪欧吸收和借鉴了萨特、阿尔都塞、拉康、康托尔等大家的思想精华，将其整合到自己的思想体系中为之所用，为其哲学理论的形成奠定了坚实的思想基础。

巴迪欧哲学思想的形成离不开他的生活和学习经历。巴迪欧出身于一个小资产阶级的知识分子家庭，父母都是巴黎高师的高才生，父亲是数学家，母亲是文学家，巴迪欧在巴黎高师学习哲学，从小父母就是巴迪欧的榜样性人物。在父亲那里，巴迪欧学到的是严密的数学的逻辑和激进的左翼姿态，受母亲影响，巴迪欧成就了自己思想的诗性批判和人文情怀，可见，正是数学家父亲的理性和严厉及文学家母亲的感性和慈爱的叠加铸就了具有独特性格和思维的哲学家巴迪欧。除了父母的言传身教，巴迪欧的哲学思想还受到萨特、阿尔都塞和拉康的影响，他把萨特的存在主义、阿尔都塞的科学和哲学的划界以及拉康的形式化的主体理论称作自己整体哲学框架的“三驾马车”[①]。所以说，先前哲学家们的思想为巴迪欧哲学思想的形成奠定了理论基础。同时作为巴黎高师哲学系的学生，巴迪欧既可以接受到良好的哲学教育，也有机会去聆听哲学名家们的讲座，这其中就有阿尔都塞和拉康等，在《德勒兹：存在的喧嚣》（*Deleuze*：*The Clamor of Being*）一书中，巴迪欧直言不讳地说：“在20世纪60年代，我的思想曾经历了萨特、阿尔都塞、拉康和数学逻辑的转变。”[②]

（一）萨特的存在主义

萨特是大家熟知的20世纪法国重要的哲学家之一，是挑战传统形而上学的先锋性人物。其最著名的思想就是“存在主义”，是学界公认的存在主义大师。巴迪欧哲学思想的形成深受萨特的影响，他在多本著作中对萨特也都有所提及，因此我们说萨特对于巴迪欧而言也是导师级人物，正如巴迪欧在 *Logics of World*：*Being and Event* 2 中所陈述的：“我整个青年时期萨特完全是一位哲学大师。”[③]受萨特存在主义思想的影响，巴迪欧首先建立起概念和存在之间的联系，认为概念必须始终是关乎存在的东西。在巴迪欧的哲学体系中包含了许多首创性的概念，比如情势、情势状态、缝合、解缝、介入等，这些概念都是巴迪欧根据其思想的需要而自行创造出来的，他的著名的哲学专著《存在与事件》就是通过现代数学的逻辑运演，巴迪欧完成了其概念王国的构建。但是我们也要看到，巴迪

---

① Alain Badiou, “Philosophy as Bibliography”, （February13, 2009）, https：//www. lacan. com/symptom9_articles/badiou19. html.

② Alain Badiou, *Deleuze*：*The Clamor of Being*, trans. , Louise Burchill, Minneapolis. London：University of Minnesota Press, 2000, p. 1.

③ Alain Badiou, *Logics of World*：*Being and Event* 2, trans. , Alberto Toscano, London. New York：Continuum, 2005, p. 555.

欧的概念并不是虚无缥缈和无根无据的，包括真理、主体、事件、介入、存在等所有概念都是深深地植根于现实的、历史的、变革的土壤之中的，是此时此地的、在世的、现时的哲学。

其次，萨特对存在与虚无关系的辨析对巴迪欧的断裂性的事件产生影响。萨特在《存在与虚无》这部大部头的著作中重点论证了“存在”与“虚无”的关系，在他看来，“存在”与“虚无”作为其存在主义哲学的两个核心范畴，体现的是存在的自在维度和自为维度的关系，存在先于虚无，虚无消解存在。这里要强调的是，虚无不等于空无，什么都没有，它体现为一种否定性的意识，通过不断地超越自身进而趋近于不在场的对象，所以说虚无不是不存在，它体现的是人的一种自由向度。人能够通过一种否定性的意识，打破原有的秩序以获得自己想要的存在境遇。巴迪欧的事件是指对原有情势的断裂，体现出一种否定性，这与萨特的“虚无”相类似，体现出萨特对巴迪欧事件哲学产生的重要影响。在《第二哲学宣言》中巴迪欧指出，存在与虚无之间的差异决定着存在与实存之间的区别，“存在是在圆满限度内，即存在之为存在的宏大范围中虚无的结果”①。也就是说，在萨特视域中，存在是由虚无决定的，这与巴迪欧的否定的事件决定实存相对应。同时萨特还指出，人们在进行心理活动时的心理状态的前后变化存在着裂缝，这个裂缝便是“虚无”。很明显，受萨特的“虚无”概念的影响，巴迪欧将事件界定为对情势的断裂与否定。不同的是，萨特的存在主义着眼于人的自由，而巴迪欧的事件主张通过打破现存秩序探寻新的人生境遇。

萨特对巴迪欧另一个重要的影响就是他的“介入”思想，在萨特看来，本质先于存在，人可以自由地决定自己如何生存，如何生

① ［法］阿兰·巴迪欧：《第二哲学宣言》，蓝江译，南京大学出版社2014年版，第80页。

活，因为人生而自由，可以自由地进行各种选择，当然最首要的是选择自己的生存方式。在面临人生选择时，个人就必须考虑是否“介入”的问题，即人要考虑是否要自由，如果要，要什么样的自由，获得自由后，人又要承担何种责任，对于这些问题的深入挖掘和思考，为巴迪欧的主体理论提供了创作灵感和思想来源。在巴迪欧看来，“介入”思想体现了萨特对个人生存的考察与关注，密切了哲学与个人生活世界的联系，对于萨特为争取人的自由所作出的一系列努力，巴迪欧十分受教，也更加将其哲学的目光投向现实世界，更多地观照现实。受萨特“介入”思想的影响，巴迪欧强调主体的重要性，在《存在与事件》中指出了其“革命主体”概念的双重意义：第一，革命主体首先是“行动的主体”。因为只有个人通过介入的行动，才有可能谋取自身的生存自由，在巴迪欧那，主体也是通过积极的行动介入事件之中，而且主体具有稀缺性；这就要求第二点，即革命主体还必须是“忠诚的主体”。因为“介入”是主动的行动，需要主体对自己的行动负责，在巴迪欧那，就是主体对事件的“忠诚”。同时，萨特《辩证理性批判》中对中国的介绍以及对毛泽东的“造反有理”提供的哲学论证和辩护丰富了巴迪欧对“毛主义”的理解，这也是巴迪欧为什么如此热衷于“毛主义”的重要原因，这都得益于萨特对巴迪欧的影响。总之，萨特的存在主义、介入思想，及其对“毛主义”的介绍等对巴迪欧的哲学概念、事件哲学、主体思想等产生较大影响，尽管后来萨特的存在主义受到结构主义的马克思主义的批判，但巴迪欧对萨特的崇敬之情始终不变。

（二）阿尔都塞的“认识论断裂”

阿尔都塞是巴迪欧的导师，也是对巴迪欧影响最大的理论家，巴迪欧坦承自己的思想繁杂，受到萨特存在主义，以康托尔集合论为代表的现代数学，拉康精神分析等思想的影响，但对其影响最大的还是自己的导师阿尔都塞。从巴迪欧的求学经历看，1956 年，巴迪欧考进了巴黎高师，求学期间，巴迪欧经常聆听阿尔都塞的课程，对他的结构主义的马克思主义很感兴趣，特别是阿尔都塞对《资本论》的解读对巴迪欧启发很大。同时，阿尔都塞对学生的影响不仅仅局限于课堂之上，他也给予社会现实一定的观照，启发学生关注并思考一些现实的问题。正是在阿尔都塞的左翼思想影响下，巴迪欧在 50 年代末参与了联合社会主义党（PSU）——法共的一个分支组织，他还积极地参与到当时的反阿尔及利亚战争之中去。因此弗朗索瓦·多斯（François Dosse）指出："在哲学中，阿尔都塞得到了巴迪欧极为有意义的支持，这是他根本想不到的。"① 正是在阿尔都塞的影响下，巴迪欧于 1967 年 5 月在《批判》杂志上发表了名为《辩证唯物主义（再）开始》一文，对马克思主义的类型进行了细致的区分，将马克思主义分为基础马克思主义、极权马克思主义和类比马克思主义。阿尔都塞对于巴迪欧的这篇文章颇为满意，因而邀请他参加自己所主持的"科学家的哲学课堂"，巴迪欧有幸在此课堂上演讲了几次，讲稿经整理形成《模式的概念：关于数学的唯物主义认识论的介绍》一书，该书指出数学在澄清科学和意识形态之间区别的重要性，在巴迪欧早期思想中占据重要的地位，受阿尔都塞的影响，该书的核心仍然是阿尔都塞式的理论斗争。

阿尔都塞的"认识论断裂"思想对巴迪欧影响最深。阿尔都塞指出，认识论断裂发生在马克思主义哲学中，马克思主义哲学的特殊性、差异性决定了这一断裂的产生。以 1845 年为界，这之前的

① ［法］弗朗索瓦·多斯：《从结构到解构：法国 20 世纪思想主潮》（上卷），季广茂译，中央编译出版社 2004 年版，第 412 页。

是“意识形态阶段”，之后的是“科学阶段”，随着时间的推移，马克思主义哲学实现了意识形态阶段到科学阶段的转变，实现这一转变的同时，人们实现了对马克思主义哲学的真实而科学的理解。巴迪欧肯定“认识论断裂”对其产生的影响，指出阿尔都塞正确地区分了科学与意识形态，认清两者之间存在的断裂的鸿沟，但也存在一定的问题，阿尔都塞并没有用真正的科学的语言来将这个区分进行到底，其完全“哲学式”的谈论科学与意识形态的方式本身就让这个区分大打折扣。巴迪欧认为自己的《辩证唯物主义（再）开始》和《模式概念》是努力弥补阿尔都塞缺憾的显著成果。巴迪欧指出，意识形态转变为科学的认识论断裂并非连续的过程，而是瞬间的，因而是不好把捉的，而数学和逻辑的形式化的表达可以彻底地实现对科学和意识形态的区分，进而开辟通向真理的道路。在数学逻辑下，通过“计数为一”的操作，人们可以实现对具体的在世的“多”进行把握，这个一是计数的结果，即情势状态。但由于无限的“多”的存在，总有不断的新东西打破“一”，致使其与原有情势的断裂，使事件得以产生，而事件又是转瞬即逝的，只留下痕迹，通过对事件痕迹的把握，人们能够认识真理，当然这需要主体忠诚于事件痕迹才能实现。从巴迪欧的数学本体论哲学中我们看出，认识论断裂对其产生的影响。同时，在认识论断裂的基础上，阿尔都塞对哲学进行了界定，划定哲学和政治界限的同时又肯定两者之间的关联，认为哲学的宗旨就是把握政治的可能性，阿尔都塞对哲学与政治关系的理解对巴迪欧独特的元政治学产生一定的影响。在对待哲学态度上，两人存在一定的分歧，阿尔都塞认为哲学的未来就是哲学的过去，巴迪欧则不以为然，他认为，哲学的过去已经逝去，哲学的未来仍被我们所憧憬，有着很多可能性等着人们去探索，所以哲学不会终结。鉴于阿尔都塞的划界思想，巴迪欧重新划定了哲学的范围，他认为，当代哲学是对传统本体论和认识论的超越，人们应该在此基础上去寻找真理，而这也正是巴迪欧的事件哲学所从事的工作。可以说，巴迪欧的哲学思想受到阿尔都塞的潜移默化的影响，尽管两人在一些观点上存在着对立与分歧，但仔细琢磨，巴迪欧的整个理论的建构都一定程度上受到阿尔都塞的认识论断裂、意识形态等核心概念及范畴的影响，因此可以说，巴迪欧的理论是对阿尔都塞学说的断裂式继承。

（三）拉康的精神分析

精神分析学家拉康对巴迪欧哲学思想的形成也有着深远的影响。具体来看，拉康的“无意识主体”对巴迪欧主体思想有着直接的影响。主体问题一直以来都是近代哲学的核心问题，拉康结合了弗洛伊德的精神分析和索绪尔的结构语言学，反对传统的理性主体，提出其全新的“无意识主体”的主体观。拉康认为，精神分析学不是人们通常认为的能解开宇宙之谜的哲学，也并非某种世界观，从历史的角度讲，它关注的焦点是如何认识和把握主体观念，“通过把主体护送到其指称依赖上，它以一种新的方式提出了这一观念”①。在拉康这里，主体是无意识的主体，原因在于“语言能指”（可以听得见的设备或材料）促使主体成为无意识的主体，人类从一出生就开始积累“语言能指”，“语言能指”内在地包含在人类的大脑当中，人们无须思考和衡量便无意识地说出来，也就是说，无意识无形地支配着人们之间所进行的语言交流，并且其自身才是真正的言说者，因此，在拉康那里，主体是从属于能指的无意识的主体。同时拉康还指出，无意识是短暂的，转瞬即逝的，具有不连贯性，是一种断裂，这对巴迪欧事件哲学的形成产生较大的影响。拉康的无意识的、分裂的主体可以在巴迪欧的事件哲学中有所

---

① 黄作：《不思之说——拉康主体理论研究》，人民出版社2005年版，第249页。

体现，但是也要看到两者是有区别的，巴迪欧反对拉康将主体进行本体化和实体化，强调他的主体是去本体化的和非实体的。总而言之，断裂、不连贯性等作为巴迪欧事件哲学中的核心元素，一定程度上受到拉康的无意识的主体观的影响。

同时，拉康的象征、想象、真实三元序列可以说是巴迪欧事件、真理、主体三元结构的直接理论来源。巴迪欧在《小万神殿》一书中指出，拉康并不像人们认为的晚年思想缺少新的发展，在明晰了无意识的主体观之后，拉康还进一步研究主体与本真的关系问题。他指出，无意识理论不仅需要能指规则的支撑，还需要一种无意识的几何学，即象征、想象、真实的三元序列来保证主体功能的发挥以及主体效果的实现。拉康在 1953 年 SFP 就职演讲——《象征、想象与实在》中提出象征、想象、真实的三元序列，在他那里，象征类似于巴迪欧的计数规则下的“一”，是诸多元素构成的整全的符号系统；想象是象征和真实之间的混合物，主体通过想象把握象征与真实，象征和真实之间存在着裂隙，想象对其进行填充。拉康指出，由“语言能指”支撑的无意识主体是遵循自身的欲望主体，欲望主体不能较好地适应现实，故需要通过想象去把握象征和真实。也就是说，主体是有欲望的主体，是断裂的产物，通过想象去把握象征和真实之间的裂缝。这对巴迪欧主体理论的建构影响很大，与拉康不同的是，巴迪欧的主体更多的是在具体行动中实现自己的行动的主体。巴迪欧 1982 年的《主体理论》一书就是在拉康的影响下写成的；巴迪欧的事件作为情势的断裂是转瞬即逝的，这与拉康的或是全部或是消失的瞬间的真实相似，真理作为一种类性程序在事件前提下通过主体的操作得以被把握，类似于拉康的真实，主体的介入则是拉康想象的生动写照。由此看出，拉康的象征、想象、真实的三元序列为巴迪欧的事件、真理、主体的三元结构提供了最直接的理论来源，也有学者称拉康对巴迪欧的影响是潜移默化的内在性渗透，指出，“巴迪欧的思想外形源于康托尔的集合论，而精神实质则是源于拉康的精神分析理论”[①]，所以学者们普遍认为可以透过拉康去理解巴迪欧的思想。除了“三元序列”为巴迪欧三元结构的产生提供了最直接的理论来源，巴迪欧的思辨唯物主义思想也受到拉康的影响，巴迪欧说：“拉康通过求助于拓扑几何以实现对欲望的思考，这促使他提出了他自己的根本性的唯物主义。”[②] 这里面涉及一个重要的经典的命题，即“真理就是在知识上打洞”，巴迪欧深受拉康的这个经典命题的影响，认识到人们的认识并不能真正捕捉到真正的唯物主义，真理是相对于认识的绝对的空（vide），空不能用语言概括和言说，我们可以做的就是做出创造性的决定，对于绝对的空无所畏惧，努力使自己成为可以进行决断的主体，做出正确而明智的决定。在这里，巴迪欧最根本的指向是一种元本体论，探讨的是本体论何以可能的问题，这构成了思辨唯物主义的内核。

（四）康托尔的集合论

数学式的思维方式在巴迪欧哲学中占据重要地位，这与其家庭教育和求学经历密切相关。作为数学家的父亲从小就教授巴迪欧最前沿的数学，使得巴迪欧形成严谨的数学逻辑的思维方式，而作为巴黎高师的学生，巴迪欧还有幸可以聆听康吉莱姆、巴歇拉等大师的讲座，接受良好的数学教育和熏陶，同时，巴迪欧数学知识的学习还得益于他参加布尔巴基小组[③]的宝贵经历，这些经历为巴迪欧对数学的理解和运用打下坚实的基础。数学如此重要，因此巴迪欧

① 孔明安等：《当代国外马克思主义新思潮研究：从西方马克思主义到后马克思主义》，中央编译出版社 2012 年版，第 171 页。

② ［法］阿兰·巴迪欧：《小万神殿》，蓝江译，南京大学出版社 2014 年版，第 10 页。

③ 布尔巴基小组是由一些法国数学家所组成的数学结构主义团体，形成于 20 世纪 30 年代，布尔巴基是这个团体成员已出版的《数学原理》（约 40 卷）一书的作者的笔名，其基本的观点是认为数学就是关于结构的科学，这一观点对现代数学产生重要影响。

称数学是科学之科学，可以说，巴迪欧思想的特色之处就是实现了集合论数学与哲学和政治思想的巧妙嫁接。在巴迪欧的著作中，数学式阐释问题的方法占比较大。他在《作为传记的哲学》中坦言父母亲的言传身教对其产生的深远影响，家庭成员之间的学养结构对巴迪欧的影响体现在他的哲学气质上，既肯定科学理性的基础作用，又不失充分的诗性批判和文学情怀。鉴于此，巴迪欧不仅熟练地运用数学为其理论服务，也对诗歌、戏剧、小说进行了深入的研究，为了感叹巴迪欧理论的延伸和发展速度，他的同僚还戏称其为“五条腿的兔子”[①]。巴迪欧之所以将数学和哲学结合起来，一方面出于其理论自身发展的需要，另一方面也是特定的社会历史环境使然。从理论自身发展来看，对于数学和哲学的结合，即通过数学的计算和推理，人们可以找到确定性的知识，能够为人类知识奠定基础，数学仍是哲学的本体论的根基。从当时的社会历史环境看，“哲学终结论”盛行，巴迪欧为了拯救危机中的哲学，将其从不确定性、否定性的诗性语言中解脱出来，主张将哲学与具有不可置疑的确定性的数学相结合，进而维护并巩固哲学的基础地位。

康托尔的集合论构成了巴迪欧数学思维的重要来源。为了解决传统数学计数规则的有限性，康托尔提出其独特的集合论。在他看来，数学的对象就是集合，“所谓集合，是把我们的直观或思维中确定相互间有明确区别的那些对象（集合中的元素）作为一个整体来考虑。”[②] 也就是说，对象的整体就是集合。集合中包含着无限的、作为统一的整体元素，不同于传统数学的有限性，即数在计数规则下是有限的，可以被预测和把握，康托尔的集合论打破了

---

① Alain Badiou，“Philosophy as Bibliography”，（February12，2009），https：//www.lacan.com/symptom9_articles/badiou19.html.

② 李凌：《康托与集合论的创立》，《数学教学与研究》2007 年第 21 期。

数在原有的计数规则下的有限性，认为并没有完全绝对和永恒的集合，总是有无法被计数的东西存在于集合之外，因而导致断裂的产生。正是这一思想深深地吸引了巴迪欧，他的事件对原有情势的断裂就是这一想法的生动体现，在这里，事件类似于无法被计数的外在于集合的空的位点，通过与原有情势的断裂，主体在这一过程中浮现出来，进而通过主体性操作缝合真理与情势间的裂隙，使真理得以重现。同时巴迪欧也敏锐地察觉到，康托尔集合论成立的条件依赖于“连续统假说”，即集合中的诸元素具有统一性，但人们无法实现对假说本身的证明，因此巴迪欧求助于科恩的“力迫法”，通过“力迫”，即主体对集合中全部元素的强制命名，使其整合于一种类性真理程序之中，从而实现对“一”的解释。

在康托尔集合论的影响下，巴迪欧提出“数学就是本体论”的命题，并建构了自己独特的数学本体论哲学，这集中体现在《存在与事件》这部著名的著作当中。《存在与事件》一书完美诠释了巴迪欧数学集合论的逻辑运演，通过数学变量和符号的推理与运算，巴迪欧呈现给世人的是本体论哲学的从非在到存在的逻辑运演历程，这里的存在不是概念化的或是客体化的存在范畴，而是一系列公理推理的结果，通过集合论数学的逻辑推演，“它能揭示出所有作为纯多的数学实体（包括关系与运算）如何能被加以思考”①。也正因为此，数学解决了传统本体论哲学中的“一”与“多”的关系问题，为本体论的实现提供了可能。总之，康托尔的集合论为巴迪欧数学本体论的建构提供了思想来源，在此基础上，巴迪欧着手完成其拯救和发展哲学的任务。

① Oliver Feltham, *Alain badiou*: *Live Theory*, London: Continuum, 2008, p. 91.

二 历史渊源

任何哲学理论都与其所处的时代背景息息相关，是对所处时代的反思与总结，是时代精神的精华，巴迪欧哲学思想的形成离不开其所处的时代境况。巴迪欧接受过良好的家庭和学校的教育，是成熟的理论家，同时也经历过暴动和战乱，是一个行动家，作为1968年“五月风暴”的亲历者，巴迪欧有着饱满的革命热情，同时巴迪欧还热衷于“毛主义”，注重无产阶级革命实践，随着革命低潮的到来，和新自由主义思潮的兴起，革命问题逐渐淡出人们的视野，巴迪欧又主张批判资本主义社会，构建共产主义假设的新序列。丰富的人生阅历及复杂的时代背景为巴迪欧哲学思想的形成奠定了基础。

（一）“五月风暴”

“五月风暴”是一场发生在1968年的法国历史上规模最大的全国性罢工运动，作为“五月风暴”的亲历者，巴迪欧受到了较大的冲击和影响。他深刻地认识到，要走出单一的书斋中的理论教育，投身到革命运动中去，只有在革命运动中才能找到通向未来社会的目标，进而探寻人的新的生存和发展境遇，这也就印证了巴迪欧最欣赏的马克思的经典格言：“哲学家们只是用不同的方式解释世界，而问题在于改变世界。”①

法国之所以会爆发“五月风暴”，这与其当时的社会现状密切相关。统观当时的法国，表面上看经济快速发展，社会空前繁荣，但是实质上存在着制度腐败、社会不平等和贫富差距悬殊等一系列

① 《马克思恩格斯选集》第1卷，人民出版社2012年版，第140页。

问题，整个国家关注的是经济的增长和生产的发展，忽略了人的生存和发展，长此以往，人们内心的不满和愤怒慢慢滋生，反抗情绪爆棚，这些不满和愤怒最先体现在青年大学生的罢课行为当中，他们看透了法国社会的残酷现实，采取罢课并参加街头斗争的形式宣泄自己不满的情绪，受学生运动的影响，工人大罢工运动也随之爆发。学生罢课和工人罢工运动影射的是人民大众对法国统治的不满和反抗，当时流行的“革命 1968”以及“要想自由，必须革命”等慷慨激昂的口号，反映了人民大众渴望自由的急切的愿望和决心。同时我们也要看到，“五月风暴”只是持续了数月，学生罢课、工人罢工运动并没有能够保存其胜利的果实，经历了学生罢课、工人罢工之后的法国街道仍旧“太平”，伴随冷却下来的革命热情的是人们下降的主体地位，“五月风暴”如街头闹剧般随着时间的推移被人们所遗忘。作为 1968 年“五月风暴”的亲历者，巴迪欧在投身革命斗争的同时还对其进行了系统的哲学反思。首先，在巴迪欧看来，由于人们意识的觉醒，洞察到法国资本主义统治的残酷现实促使了革命的爆发，人们察觉到传统的和平的协商和谈判对于当前资本主义的统治已经不再适用，想要获得自由，获取自身的权益，必须采取暴力的革命的手段才行。其次，对于革命失败的原因，巴迪欧指出，是革命主体的组织上有问题，革命大众不应只是单纯的党派人士，知识分子和工人更应该充当革命的主要力量，正如巴迪欧在一次访谈中所说的，充当革命主体的不应是所谓的党派，知识分子和工人具备主体的潜质，“建立与知识分子和工人的直接联系势在必行”①。也就是说，只有知识分子和工人直接参与到政治活动当中，担负起革命主体的重任，才能取得革命的成功；最

① 刘胜坤等编：《革命与马克思主义——阿兰·巴迪乌访谈》，《国外理论动态》2008 年第 11 期。

后，对于“五月风暴”的实质，在巴迪欧看来，不应该将“五月风暴”仅仅视为单纯的学生运动，它是法国民众对于不公的社会现实的激烈反抗，反映在理论层面则是哲学家们不满于哲学现状而去探寻新的哲学境遇，巴迪欧就是其中的典型代表，他不仅用笔杆子进行针砭时弊，更是亲身参与到“五月风暴”的革命当中。他还指出，“五月风暴”的爆发在资本主义平滑结构的表面撕开了一道裂缝，虽然裂缝最终被资本主义当局所缝合，但是也使人们看到了改变现存秩序的可能性的希望，那就是在新的资本主义条件下探寻新的革命主体，重构左翼理论以在新维度上反抗资本主义统治。

作为一个新时代开端的“五月风暴”，对巴迪欧最直接的影响就是他与自己的老师阿尔都塞决裂，两人在一些政治问题上存在分歧的同时，对于阿尔都塞所主张的“历史是一个无主体的过程”，巴迪欧也接受不了；同时巴迪欧还彻底抛弃了议会民主制、法共和苏联的马克思主义，走向了“毛主义”，因而世人也说巴迪欧有着较深的“毛主义”情节。“五月风暴”虽然以失败告终，但巴迪欧坚信它的革命意义是无法磨灭的，它让世人明白，没有什么是不可能的，“让我们成为现实主义者，去要求不可能的事情”①。这也体现了巴迪欧哲学思想的激进态度，具体表现为他的事件哲学，在他那里，事件就是原有情势的断裂，与“五月风暴”的通过革命达到与原有社会秩序的断裂的思想是一脉相承的。

（二）“毛主义”情节

对于未来社会的发展，巴迪欧主张在革命运动中开辟通向未来社会的道路，探寻人的新的生存和发展境遇，所以他彻底抛弃了议

① 连小丽、王小会译：《齐泽克论1968年“五月风暴”》，《国外理论动态》2009年第4期。

会民主制、法共和苏联的马克思主义，走向了具有批判、否定和革命精神的“毛主义”。巴迪欧第一次接触“毛主义”还是在萨特回母校做讲座期间，萨特对于“毛主义”的别开生面的介绍深深地吸引了巴迪欧，巴迪欧在《主体理论》以及《存在与事件》中关于“毛主义”的阐释，以及巴迪欧对共产主义和“文化大革命”的理解，都某种程度上受到萨特阐释的影响，巴迪欧也从此具备了较深的“毛主义”情节。“毛主义”在法国可以说是承载着革命和社会主义理念的象征性符号，受到当时人们的大力推崇，毛泽东甚至被公认为是“五月风暴”革命的三面旗帜（3M）之一，另外两个是马克思和马尔库塞。1951 年，美国自由派学者本杰明·施瓦茨在《中国的共产主义与毛泽东的崛起》一书中首次提出，“毛主义”即一种中国革命语境中的特殊的马克思主义，也就是我们通常所说的中国化的马克思主义，其核心思想是把马克思主义的普遍原理同中国的特殊经验相结合。按照我们通常的理解，“毛主义”也就是“毛泽东思想”，是伟大领袖毛主席从中国社会发展实际出发，探索出来的适用于中国发展的、理论和实践相统一的革命道路的指导思想。巴迪欧之所以非常推崇“毛主义”是因为，在他看来，“毛主义”不是书斋里咬文嚼字的、纯理论的马克思主义，而是一种付诸革命行动的真正的实践性的唯物主义，只有在革命实践中人们才能探寻科学的理论为社会发展提供指引。按照巴迪欧的说法就是遵循毛泽东的那句话——“丢掉幻想，准备斗争”①，这反映出他骨子里的“毛主义”思想。同时我们也要看到，巴迪欧所热衷的革命道路是掺杂着血与火的荆棘之路，就像色诺芬的远征一样，这也是为什么巴迪欧与注重理论斗争的阿尔都塞决裂的原因，阿尔都塞的忽视实践的静观的态度是巴迪欧所反对的，所以在 1975 年的《矛盾

① ［法］阿兰·巴迪欧：《世纪》，蓝江译，南京大学出版社 2011 年版，第 4 页。

理论》中，巴迪欧对自己的老师进行了批判，指出理论源于实践并接受实践的检验，只有经受住实践检验的理论才是科学的，这可以看作巴迪欧对其老师的否定和超越。

“毛主义”对理论和实践的辩证关系的理解，也影响了巴迪欧对革命主体和事件哲学的思考。“毛主义”强调革命实践的重要性，受其影响，巴迪欧也十分注重现实的调查、研究与实践，因为他也认为，实践是理论的实际来源。关于革命的主体，受毛泽东的“人民群众是革命的主体，是历史的创造者”这一论断的影响，巴迪欧也认为革命大众是实践的主体，是理论的真正创造者。革命的理论生成于人民群众的革命实践，阶级斗争这个人们通常认为的抽象的概念成为现实的革命实践，可见，在巴迪欧的视域中，实践性是“毛主义”的最本质特性。结合当时的现状来看，中国的毛泽东思想是迫于当时落后的经济条件满足不了社会主义建设而提出的，在欧洲左翼那里，依靠经济主义和工联主义的工人阶级丧失了革命的主体地位，必须重新寻找新的革命主体，这为巴迪欧重建“革命主体”提供了理论上的可行性和现实上的可操作性，为其一直以来想要实现的“革命的”“实践的”主体的建构提供了思想的支撑。同时，在毛泽东思想中，中国共产党这一政治主体占据重要地位，中国社会的发展乃至共产主义理想的实现都离不开党的领导，中国共产党通过忠诚于共产主义运动的“事件”实现国家的发展及其共产主义理想，这一点巴迪欧十分赞赏；通过阅读巴迪欧的著作我们发现，巴迪欧的主体更多地体现在法国特定的历史情境中所从事的政治实践中，是一个政治主体。可见“毛主义”思想对巴迪欧的主体理论有着较大的影响。关于事件哲学，毛泽东思想给予巴迪欧一定的启发，在毛泽东思想中，所谓的革命实践就是革命主体为了实现自由解放的理想而对社会现实进行的反抗活动，通过革命主体对革命事件的忠诚，毛泽东成功探索出适合中国发展的道路。毛泽东在探索革命道路的实践中实现了理论和实践的统一，两者的合二为一也使得巴迪欧找到了解决难以综合的对立面的节点。巴迪欧指出："在融和的外表下，呼唤出来的一个古老的一。这种辩证的解释因此是复辟性的。为了不至于保守，为了在现在成为一个革命的激进分子，都必须要渴望分裂。新问题立刻变成了在情势的独特性中创造性地分裂的问题。"① 也就是说，欲望的分裂是成为革命的积极分子，探寻"一"的必要条件，通过对情势的断裂我们发现在"一分为二"中潜藏着作为独特性的事件的"新"。这个"新"就是情势断裂的事件，"事件"作为巴迪欧思想的核心概念，它是偶然发生、转瞬即逝的，探讨新的事件如何在情势的断裂当中产生一直是巴迪欧哲学的核心问题，受"毛泽东思想"的启发，在巴迪欧这，事件就是对情势的断裂，通过主体的忠诚而占据支配地位，进而实现其普遍性。

巴迪欧有着较深的"毛主义"情节，是学界公认为"毛派"，突出表现在其立足于法国社会历史现状而进行的理论反思和政治实践。同时他的著作《主体理论》《存在与事件》《世界的逻辑：存在与事件2》中的某些思想也都能看到"毛主义"思想的影子，他的《矛盾理论》《论意识形态》《前提》《世纪》等著作也都受到"毛主义"的影响。由于对"毛主义"的推崇，巴迪欧在巴黎高师求学期间还参加了法国马列主义共产主义联合组织（UCFML），这个组织是一个激进的"毛主义"性质的革命小组，主张将"毛主义"作为实现法国社会主义的根本路径，巴迪欧是这一小组中较为活跃的成员，布鲁诺·波斯蒂尔斯称巴迪欧思想的一个征兆就是"毛主义"。综上，巴迪欧的主体理论、事件哲学以及其对资本主义社会的批判性反思都深受"毛主义"思想的影响，在此基础上，巴

① ［法］阿兰·巴迪欧：《世纪》，蓝江译，南京大学出版社2011年版，第69页。

迪欧以数学本体论为奠基，发展了自己的较为系统的激进哲学。

（三）新自由主义思潮

面对“五月风暴”的失败和“毛主义”热潮的冷却，革命逐渐被人们所淡忘，人们迎来的是寒冷而漫长的革命“冬月”［迦塔里（Guattari）语］，特别是20世纪80年代，随着里根（Reagan）和撒切尔（Thatcher）夫人的上台，新自由主义思潮重新成为时代的主导，人们关注的重点也从街头巷尾的斗争和革命转向如何生存和生活，如何栖身于资本主义发展的旋涡之中，革命的激进话语也被新自由主义的话语所消融和替代。巴迪欧敏锐地察觉到这一变化，并分析了产生这一变化的原因。巴迪欧认为之所以会出现革命低潮，首先是因为人们无法清晰地界定革命主体，以往人们将马克思主义、“毛主义”作为自己的行动指南，以此来反思和指导人们如何生存和生活，并力争在革命的解放运动中探索自身的发展道路，现如今，革命丧失了主体，左翼激进分子抽身出革命，投身于为了日常生活奔波的职场，不再担任革命主体。并且，由于新自由主义思潮的兴起，马克思主义和“毛主义”的理论指导地位受到威胁，没有理论资源的支撑，左翼运动的理论和实践也相互脱节，处于一种被边缘化的状态。巴迪欧甚至指出，从1848年《共产党宣言》发表到20世纪70年代“红色革命”的结束，被统治阶级所边缘化的人代替了推动社会向前发展的工人阶级，左翼分子的态度也使革命主体发生了根本性的动摇，革命爆发的主观能动性也随之而丧失了。

新自由主义的重新抬头是发生革命低潮的另一个重要原因。新自由主义思潮是资本主义意识形态的理论表现，主张反对社会主义，维护资本主义制度，维护资产阶级个人自由，调解社会矛盾，它的实质和核心是宣扬资本主义和市场自由的普遍性，其影响是形成当代资本精英掠夺世界人民的局面，造成贫富两极分化的局面。在新自由主义思潮的影响下，人们选择忘记五六十年代的喧嚣，更多地投身于资本主义的运行机制当中，资本主义的运行机制消磨掉人们的革命激情，使其融入资本主义高速运转的链条中，人们来来回回地穿梭于办公室之间，为了生存每天机器般地反复工作，资本主义利用多样的、先进的技术手段渗透于人们的生活当中，给人们的生产生活带来潜移默化的影响，用现今比较流行的话语就是人们处于资本逻辑统治中。同时，伴随着东欧剧变和苏联解体，人们逐渐对社会主义产生怀疑并失去信心，一些中左派人士甚至称："既然既有资本主义秩序逻辑已经包含了市场经济等的所有方面，为什么还要强撑着虚构那些反对党呢?"① 也就是说，人们安于处在资本主义制度体系下，感受着资本主义给人们的生产和生活带来的潜移默化的影响，至于革命，在此种境遇下越发显得多余，因而渐渐淡出人们的视野。

面对革命低潮的产生和表现，巴迪欧正视其产生的原因，分析了其实质，但是满怀革命激情的巴迪欧并不愿意接受这样的事实，他现在要做的就是重新反思革命主体和革命事件。因而主张在新的时代条件和历史境遇中探寻新的革命主体，在共产主义假设的间歇期重塑共产主义假设的新序列。《哲学宣言》就是巴迪欧对此所作出的努力，该书以数学本体论为理论基础，构建了事件、主体、真理三位一体的本体论哲学。并主张在新的时代条件下，立足于核心性的事件，以政治解放为旨归，探寻左翼政治的新的可能性。尼克·胡列特肯定了巴迪欧的事件哲学，认为其复兴了人的解放传统，也就是说，面对新自由主义思潮所导致的革命低潮，巴迪欧以事件哲学复兴了革命的主体，探索以政治解放为旨归的革命事件的

① ［法］阿兰·巴迪乌：《共产主义的构想》，赵文译，《国外理论动态》2008 年第 10 期。

发生。而事件、真理、主体三元结构正好表达了巴迪欧的理论诉求，事件通过与原有社会秩序的断裂，使得真理在断裂中产生，主体作为事件轨迹和真理的中介，通过主体性操作为两者提供保障。这样，伴随着新自由主义思潮的发展，巴迪欧探索出一条另类的解放道路。

三 后现代语境中的哲学危机

巴迪欧哲学思想的最直接的背景就是20世纪哲学终结的危机，也就是说，巴迪欧现今最为关注的问题就是：今天的哲学究竟怎么了？在后现代的相对主义和多元主义思潮的影响下，以真理为核心的哲学遭到拒斥和消解，哲学面临前所未有的危机。巴迪欧直面哲学终结论，论述了各个哲学流派的哲学终结论的表现，从后现代思潮、世界本身和人自身出发分析哲学危机产生的原因，指出哲学不会终结，而是以一种全新的姿态再出场，这也正是巴迪欧新世纪的“哲学宣言”。

（一）哲学终结论的表现

20世纪，哲学终结论盛行，其实质是指以形而上学为核心的西方传统本体论哲学的终结。在西方传统哲学中，本体论一直占据崇高的位置，但是，随着分析哲学、语言学、存在主义和后现代主义哲学的兴起，20世纪西方出现了一股强大的反本体论思潮，不同派别的哲学家们从不同角度解构、拆解本体论哲学，致使几千年所垒筑起来的本体论大厦坍塌，本体论大厦坍塌伴随的必然是“哲学的终结”。

“哲学的终结”是20世纪哲学思想的主旋律。在德里达看来，现今哲学的首要问题就是“哲学的终结”，这一问题也引发了人们对哲学合法性的探讨。之所以会提出哲学的合法性问题，主要是针对哲学的命运和危机提出的。从哲学的发展史上看，从传统哲学到现代哲学，哲学经历了最高智慧和第一原理，到哲学不被人们所欲望，被拒斥、消解，哲学终止了、死亡了的命运历程，自从黑格尔、马克思、尼采和海德格尔以来，哲学就已面临危机。当我们在阅读这些“大家”的作品时，也能深刻体会到哲学家们对于当代哲学生死存亡命运的担忧。随着科学技术的飞速发展，哲学似乎越发地成为无用之学，当哲学死亡的种种流言蜚语肆意流传时，各派哲学家们也都宣称“哲学的终结”。这致使人们普遍怀疑，哲学作为一门学科，是否真的可以为我们带来真理？语言分析学派杰出代表维特根斯坦（Wittgenstein）主张用日常语言取代晦涩的传统哲学语言，用“语言游戏”进行“哲学治疗”；后现代主义大师利奥塔（Lyotard）认为，现代性表现为一种使自己合法化的形而上学叙事，由于其证明不了自身的合法性，哲学的合法性也遭受质疑，因此利奥塔宣告“哲学的大厦已经坍塌了”；福柯主张用“微观逻辑”回应“宏大叙事的终结”，以“知识考古学”取代传统哲学；罗蒂（Rorty）则否定传统哲学所极力追求的真理的存在，指出不存在终极的基础和原因，只有社会的约定，真理的不存在也预示着哲学的终结；卡尔纳普主张以“逻辑分析”替换“形而上学”，因为科学方法是唯一获取知识的方法，逻辑分析方法是研究哲学的唯一有效的方法；海德格尔认为，由于对存在的遗忘，致使传统哲学成为无根的哲学，想要拯救存在，必须用“思想”代替“哲学”，通过哲学与诗进行缝合，“人诗意地栖居”开辟出通向哲学本体论的道路；拉库·巴拉特（Raku Bharat）认为，我们不必再处在哲学的热望之中；人们开始认不清自己的身份，拉康甚至认为自己是一个反哲学家。对此，巴迪欧指出：“哲学家们进行的是一种转行的写作，对哲学进行拐弯抹角的参照，这种对哲学领域逃避式的转移会让哲学坠落在不宜居留的地方。"[①] 综上，无论是语言哲学、后现代主义、存在论哲学还是精神分析哲学等他们都将批判的锋芒指向哲学，指向大写的"一"和大写的真实，都对传统哲学的本体论和形而上学进行了猛烈的批判和攻击，如果本体论作为传统哲学的支柱不复存在，那么哲学也就随之终结了。当代哲学的确像是一个有病的患者，患有理论不自信的妄想症，缺少思想上的不满，思想上的冒险，不相信理论论证的巨大力量，不再追问普遍性，没有了以上这些思想上的特性，当然就没有哲学。正因为如此，今天的哲学面临着前所未有的危机和困境。

基于哲学所处的现状，巴迪欧表明了自己的哲学立场，即与海德格尔主义以及德里达、利奥塔等法国变种进行斗争，反对他们用诗、艺术、喜剧等作为思想庇护的场所，因为这些行为使得"哲学以形而上学的形式不可挽回地走向终结"[②]。由此可以看出，巴迪欧以其敏锐的洞察力捕捉到了时代思想界呈现出的一种"哲学之死"的主流动向，巴迪欧对其进行了诊断，在他看来，当今哲学正身患两种疾病，一种疾病是历史悲观主义，它最终导致了哲学对自身的悲观否定；另一种病是语言相对主义，将语言作为思想的核心范畴致使人们更多地去寻求多元，而放弃去追求哲学真理，致使在传统的哲学家眼中拥有至高无上的地位的真理也遭受质疑乃至颠覆，当人们不再奢望"真理"，不再相信"宏大叙事"，"真理"退出了思想的舞台，那么以真理为核心的哲学也将被主流思潮所抛弃。

（二）哲学危机产生的原因

面对当下盛行的哲学终结论，巴迪欧也承认哲学确实处于危机

---

① ［法］阿兰·巴迪欧:《哲学宣言》，蓝江译，南京大学出版社2014年版，第5页。

② ［法］阿兰·巴迪欧:《第二哲学宣言》，蓝江译，南京大学出版社2014年版，第145页。

之中，哲学病了并且即将死亡。那么，是什么原因导致哲学在今天病入膏肓了呢？巴迪欧在他的《存在与事件》的英译本“序言”中分析了哲学终结的原因。在巴迪欧看来，当代哲学存在的普遍问题就是，哲学成为时下民主和文化多元主义的辩护者。从社会主流舆论看，现今追捧民主和自由成为舆论的主导，以代议制和选举制为代表的民主和以贸易自由和消费自由为主导的自由成为时下人们追随的主流舆论，而哲学在这里面所起到的作用就是为自由和民主辩护，使其在所处时代中实现永恒。同时，在相对主义和多元主义的影响下，哲学面临终结的危机，突出表现为哲学的核心范畴真理的危机，对于以往人们坚信不疑的真理（宏大叙事），现今受到普遍的怀疑，当人们不再奢望“真理”，也就意味着以真理为核心范畴的哲学也被主流的思潮所吞没。统观当代分析哲学、语言学以及后现代主义哲学，他们都热衷于“以多元意义的理念代替真理的理念”[①]。这就致使真理丧失其普遍性，当哲学不再追问普遍意义，不再相信理性的力量，不再敢于思想的冒险，不再反叛现实境遇，那么“哲学之死”似乎也就只能是其唯一的命运归宿了。

同时，巴迪欧还从整个世界本身出发，分析了哲学患病的原因。在他看来，哲学患病的最根本的原因还是当代世界本身身患重病，病根就是资本逻辑的统治。上文提到，随着新自由主义思潮的兴起，人们投身于资本运行机制当中，努力成为资本主义发展链条上的一环，丧失了自身独立自主的本质特性，巴迪欧指出：“今天所存在的不过是一个‘资本的抽象世界’”[②]，也就是说，现今的世界处在资本抽象的统治当中，成为一个被资本主义总体性所塑型的世界。资本逻辑无孔不入的统治导致现存世界出现各种各样的病

---

① Alain Badiou, *Infinite thought*: *Truth and the Return to Philosophy*, London: Continuum, 2004, p. 50, 46.

② Oliver Feltham, *Alain badiou*: *Live Theory*, London: Continuum, 2008, p. 136.

症。在资本主义新时代，科学技术的发展带来生产力的飞速发展，给人们的生产生活带来了极大的改善和提高，但与此同时，资本家的逐利本性又使得其通过隐蔽的手段榨取工人的劳动价值以保证自身的利益。资本逻辑统治下的世界，首先，是充斥着矛盾和异化的世界，社会上自由的口号铺天盖地，人们貌似生活在民主自由的世界里，但实际上，人们在这个所谓的自由的世界中并不能感受到真切的自由，拿人们日常最常见的消费来看，人们在消费当中服从的是金钱的同一性的统治，没有钱我们甚至什么都做不了，就更谈不上什么自由，想要获得自由，必须有金钱提供保证，因而人不得不自觉地接受金钱的统治，这就使得自由的标识标准化了，商品化了，因而抹杀了人们追寻自由的叛逆的本性，因为叛逆没有金钱有用，只有金钱才能保证我们最起码的自由。但是巴迪欧也尖锐地指出，这种自由是被编了码的、被商品引导的、被资本逻辑所操控的所谓“自由”，并非真正的自由。相反，当今世界的以消费异化为代表的资本逻辑的统治，导致了人的自由本性的缺失。

其次，在资本逻辑的统治之下，当代世界呈献给世人的是一幅特殊化、碎片化了的生活图景。随着科学技术与人工智能的快速发展，技术的形态和功能日益多样化，人们的生产日趋智能化，劳动分工、工资分配日益精细和发达，这些特殊化与碎片化致使人们无法再感受到普遍的东西。也就是说，资本逻辑统治下，人也被碎片化，人在不同的现代化体系中成为不同的碎片，在不同的领域中成为不同的碎片（遵循劳动、分工、技术等不同体系的统治），遵循不同的资本逻辑的统治。特别是铺天盖地的人工智能和新兴技术正在吞噬人们的生活，我们并不否定科技进步带来的社会发展，但在同时我们也应看到技术对人的统治和催逼。技术本是人的发明和工具，通过技术，人们实现其所想达到的目标，但在当今社会，技术反过来统治、支配人，用海德格尔的话来说就是“技术座架”催逼着人。至于技术是怎样实现对人的统治，我们说在技术体系中，技术有其自身的结构，它不断提供新的可能性，技术自身的可能性空间变成了主体，支配着科学家实现其可能性，这就将本是主体的科学家变成了被技术支配和统治的客体性存在。那么为什么科学家或是从事技术工作的人乖乖地服从技术的统治呢，这是因为每一种技术的可能性都是资本的增长点，能够带来资本增长的技术必然催逼着人们服从资本的逻辑。不仅如此，巴迪欧还指出，碎片化的世界图景还给人们呈现出一种“不连贯性”，在碎片化的、不连贯的生活世界图景中，人们的形象和话语被掩盖和遗忘，致使人们产生极度的本体安全的焦虑。现代社会，人们生活在资本空间中，受文化资本、权力资本、金融资本等的统治，习惯于把这种对安全感的需要嫁接到资本权力上，人们存在的唯一意义就是谁能带来资本的增殖，资本逻辑的统治下，人被连根拔起，失去了本体安全的家园。最后，资本逻辑统治下的当代世界更是一个充满突发事件的极端无序、不稳定的世界。例如苏联解体、东欧剧变以及“9·11”事件等，这些极端无序、不稳定的事件呈现的是我们生活世界的脆弱与暴力。综上，正是当代世界本身身患重疾，致使哲学也染上弊病，巴迪欧说，当代哲学由于“太过于反映世界本身的面目”[①]以致使哲学失去其本有的反思和批判能力，毫不知情地、不分是非地为现实进行辩护，因而造成了自身终结的危机。但是我们知道，巴迪欧以解放政治为其最终的理论旨归，强烈反对“真理”的退出和“哲学的终结”。他旗帜鲜明地指出哲学作为思想没有直接的暴力，被利用和哲学本身无必然关系，巴迪欧始终相信真理是存在的，并且一直处于生成当中，正是在科学、艺术、政治和爱这四种程序当

① Alain Badiou, *Infinite thought: Truth and the Return to Philosophy*, London: Continuum, 2004, p. 50.

中，真理生成自身。不仅如此，巴迪欧始终坚信哲学必将重生，他指出，面对现今生活世界身患重病，“世界比哲学所认为的还需要哲学”①，需要哲学来为其诊断治病，以使其走出困境，因此在今天，哲学要勇于回应时代的挑战，终结哲学的终结，以一种崭新的姿态再度出场，实现自己的可能性，巴迪欧的新世纪的“哲学宣言”就是哲学再度出场的“呐喊”。

---

① Alain Badiou，*Infinite thought*：*Truth and the Return to Philosophy*，London：Continuum，2004，p. 56.

第 二 章

巴迪欧对哲学的拯救和重构

面对哲学终结之潮，针对哲学所面临的困境和危机，巴迪欧主张拯救哲学，《存在与事件》《世界的逻辑：存在与事件2》以及两本“哲学宣言”就是巴迪欧对此所作出的努力。作为《存在与事件》和《世界的逻辑：存在与事件2》简略版的《哲学宣言》与《第二哲学宣言》，集中探寻的是在哲学终结论盛行的时代，如何拯救、重构乃至进一步发展哲学，如何实现哲学的永存的问题。本书以两本“哲学宣言”为文本依据，在此基础上进行全文的写作和论证。在《哲学宣言》中，巴迪欧表达了其对哲学命运的深切关切，通过与各种盛行的哲学终结思潮进行斗争，主张哲学与其诸前提的解缝来保持自身的独立存在，并以一种解缝的、柏拉图主义的姿态，反对“哲学终结论”，使哲学回归自身，为真理的存在提供可能性的范阈，建构“多”的类性真理，以数学集合论为理论基础，建构了事件、真理、主体“三位一体”的“本体论哲学”，重新确立哲学在其原初意义上的可能性。

一 捍卫哲学的合法性

面对哲学终结的危机，巴迪欧承认“哲学患了病，还可能走向死亡”，但是他极力反对哲学终结论，想要重振哲学。巴迪欧的一系列著作表达了其拯救哲学的决心。自1982年他正式发表《主体理论》以来，巴迪欧就在尝试探索实现哲学可能性的条件，他的“两本宣言”、代表作《存在与事件》以及大部头的《世界的逻辑：存在与事件2》等著作都可以看作哲学“宣言”的重要文献，是巴迪欧为拯救和重构哲学所作出的理论努力，深入这些著作我们发现，反思当代哲学的发展现状，终结“哲学终结论”，恢复哲学的合法性是其始终如一的目标。同时，巴迪欧十分赞同科恩的想法，即哲学思维能力作为人的自我能力的反应对人类未来来说是必不可少的，因为“只要人类存在，就离不开哲学思维”[①]。也就是说，哲学思维是人类所必不可少的，它的存在具有绝对性、必然性和普遍性，更进一步来讲，只要人们还在这个世界上存在，就一定存在着哲学，因为世界仍然对哲学有所诉求。以此为基础，巴迪欧指出，虽然各种哲学终结论剥夺了哲学思想的特定的对象，但它并未断绝哲学发展的出路，哲学的存在依旧有着不断滋生的条件，它通过为世界提供思想行动的场所而使自己存在。同时，巴迪欧还坚信作为哲学核心的真理存在的必然性，因为我们生活于其中的世界本身呼唤着真理性哲学的重生。真理作为哲学的核心范畴，实现其自身的永恒和普遍的同时，也昭示着哲学是普遍和永存的。因此巴迪欧说：“我不仅认为哲学在今天是可能的，而且这种可能性也不具有最终阶段的形式。”[②] 在这里，巴迪欧在一个“一切坚固的东西都烟消云散的年代”发出了自己时代的声音与宣告，哲学没有终结，哲学是存在的！

---

① A. 科恩：《哲学的终结：对一场针锋相对的争论的剖析》，王玉北译，《世界哲学》2004年第1期。

② ［法］阿兰·巴迪欧：《哲学宣言》，蓝江译，南京大学出版社2014年版，第10页。

（一）批判哲学终结论

在本书的第一章第三节我们陈述了哲学终结论的表现，分析了哲学危机产生的原因，总结来看，分析哲学、实证主义、存在论、解构主义和后现代主义哲学等不同流派主张的哲学终结的共同特性就是攻击和批判传统本体论和形而上学，致使真理缺失和哲学终结。至于哲学终结的原因，巴迪欧一方面从时下的相对主义、多元主义和虚无主义的时代背景出发，指出哲学成为时下民主和文化多元主义的辩护手，丧失了其自身独立的和自成一体的空间；另一方面，巴迪欧还立足于当今世界本身及人的生存现状，从资本主义的社会现实出发，指出哲学患病的最根本的原因，即资本逻辑的统治。人们投身于资本运行机制当中，受资本逻辑的操控和统治，资本逻辑统治下的世界，是充斥着矛盾和异化的世界，呈献给世人的是一幅特殊化、碎片化了的生活图景，充斥着危机和相互矛盾的事件，正是当代世界本身身患重疾，致使哲学也染上弊病。鉴于此，巴迪欧深入资本主义运行机制，发现其运行的诸多不合理，运用断裂性的态度对资本主义社会进行批判，对哲学终结论进行了批判。

在众多哲学终结论的版本中，巴迪欧特别反对两种哲学终结论的版本：一是海德格尔的版本，二是后现代主义的“粗俗”的哲学终结论版本，巴迪欧分别对这两种版本进行了批判。对于海德格尔，我们都知道，面对存在的被遗忘，他主张通过诗来唤醒被遗忘的哲学，因为传统形而上学已经无法抵达存在，人“被抛入世”，经历着“在世之烦”，为自己的存在去“操持”，这种“烦”和“操持”不是形而上学的，而是诗性语言的，因而海德格尔主张将哲学和诗缝合起来，以试图拯救被遗忘的存在。在《哲学宣言》中，巴迪欧指出了海德格尔采取的哲学与诗的缝合并不能拯救被形而上学长期遗忘的存在，因为一旦哲学与诗缝合起来，就使哲学丧失了与其他前提包括数学、政治和爱进行缝合的机会，导致哲学失去了自成一体的空间，致使哲学危机的产生；而对诗的过分推崇又一定程度上消解了哲学的客观性，导致主体和真理的不复存在，最终寻求和坚持真理的“形而上学”的哲学也终结了。巴迪欧认为正是海德格尔对诗的过度崇拜致使其对数学、逻辑乃至科学技术存在偏见，在他那里，数学只是一种简单的“逻辑”内容，诗才是通向本体论的唯一途径，这也就致使形而上学在时间中耗尽自身，最终海德格尔所能做的只有求助于上帝，认为，只有一个上帝能够救渡我们。巴迪欧反对海德格尔的哲学与诗的缝合，相反秉持着解缝的态度，通过解缝和远征，在数学方法论的基础上，借助于关键性事件的发生去拯救和重构哲学。对于后现代主义的“粗俗的”哲学终结论版本，巴迪欧也对其进行了批判性反思。后现代主义的“粗俗的”哲学终结论版本认为，哲学已经在自然科学和人文科学的发展中被超越，这显然是巴迪欧所反对的。巴迪欧首先肯定科学技术对社会发展做出了突出贡献，同时也看到了科学发展所带来的种种危机。拿技术来看，铺天盖地的人工智能和新兴技术正在吞噬人们的生活，我们并不否定科技进步带来的社会发展，但在同时我们也应看到技术对人的统治和“催逼”。技术本是人的发明和工具，通过技术，人们实现其所想达到的目标，但在当今社会，技术反过来统治、支配人，用海德格尔的话来说就是“技术座架”催逼着人，也就是说，科学技术统治下的人丧失了部分自由。同时，在后现代主义视角下，多元主义、相对主义和虚无主义盛行，致使哲学面临终结的危机，突出表现为哲学的核心范畴真理的危机，对于以往人们坚信不疑的真理（宏大叙事），现今受到普遍的怀疑，当人们不再奢望“真理”，不再相信“宏大叙事”，“真理”退出了思想的舞台，那么以真理为核心的哲学也将被主流思潮所抛弃。巴迪欧分析了造成此种情况的原因，在他看来，后现代主义视角下的怀疑主义和相对主义夺取了哲学的领地，使得哲学在后现代社会中无家可归，这源于人们被怀疑论和相对主义所迷惑，他们看似帮助人们挣脱普遍性的束缚而重获自由，但这也只是一种假象，人们并未以此而真正地感到自由和幸福，反而致使自己由于缺乏普遍性而产生信仰危机。巴迪欧指出，对于信仰危机的克服在当今缺乏导向的时代尤为重要，至于如何克服信仰危机，巴迪欧主张求助于哲学，只有哲学才能帮助人们重拾普遍性、重塑信仰。鉴于此，巴迪欧说："在今天，才有可能，也如此有必要去解放哲学，并宣布哲学的复兴。"① 对于众多版本的哲学终结论，巴迪欧坚定自己的立场，反对哲学终结、死亡的论断，并对其进行反思性批判，指出"只有被打败的诗学，没有被击败的哲学"②，哲学不可能终结。

面对时下流行的哲学终结论，巴迪欧采取的是正视的态度，但同时也对其秉持着一种蔑视的姿态。因为它们使得人们不再追求本应该是哲学追求的东西，而是蜷缩在所谓的语言游戏和碎片化的洞见之中冷冷地面对世界上的一切，这是巴迪欧所极力反对的，因此在他看来，今天哲学的使命就是同这种反哲学的思潮进行斗争，在他们大肆宣扬哲学死亡、哲学终结的时候，重新在不可能的地基上发现哲学的光辉。《哲学宣言》可以说是巴迪欧进行斗争的理论成果，在本书中，巴迪欧主张回归我们生活的当代世界本身所呼唤的真理性的哲学，因为真理作为哲学的核心概念是普遍的和永恒的，也就是说，只要存在着真理，哲学就不会死亡、不会终结，至于为什么哲学不会死亡和终结，巴迪欧用数学本体论来进行证明。

---

① ［法］阿兰·巴迪欧：《哲学宣言》，蓝江译，南京大学出版社 2014 年版，第 53 页。

② Alain Badiou, *Logics of World*: *Being and Event* 2, trans., Alberto Toscano, London. New York: Continuum, 2009, p. 3.

（二）解缝与远征

上文通过对哲学终结的表现和原因的阐述，以及对流行的哲学终结论版本的批判，我们明晰了巴迪欧坚定的哲学态度，那就是真理是普遍的和永恒的，哲学没有终结，哲学始终存在。此部分我们详细地看一下巴迪欧是如何分析哲学危机的原因以及如何走出哲学危机，恢复并拯救哲学，进而捍卫哲学的合法性。在巴迪欧看来，哲学的危机是缝合所导致的，哲学与自己的某一个前提缝合起来导致其自身遭受质疑。所谓缝合："就是哲学将其功能转交给一种或另一种前提，将思想整体移交到一种类性程序中。"① 也就是说，通过哲学与某个前提的缝合，哲学将自身的功能转交给该前提，将自己思想的整体转移到某一种类性程序中。巴迪欧指出，正是缝合阻碍哲学建立自成一体的空间，使其遭受质疑，也造成了哲学危机的产生，因为"缝合"会导致哲学的无力，丧失其与其他前提共存的可能，同时还在一定程度上消解了哲学的客观性，导致主体和真理的不复存在，最终寻求和坚持真理的形而上学的哲学也终结了。

巴迪欧指出，19 世纪，从黑格尔到尼采，哲学很大程度上是被各种缝合支配着，比如较为重要的哲学同实证主义和科学的缝合，正是缝合致使哲学在那个年代里似乎趋向消逝。对于缝合的后果，巴迪欧指出缝合的后果集中体现在其他前提的地位上，在巴迪欧哲学中存在四个重要的前提，它们是科学、艺术、政治和爱，当哲学分别与其缝合时，诸前提的地位发生了改变，共性的后果就是导致哲学上的无力，因为当哲学被缝合支配，就禁止了哲学构想与其前提共存的可能性，这也是哲学遭受质疑的原因所在。巴迪欧指

① ［法］阿兰·巴迪欧：《哲学宣言》，蓝江译，南京大学出版社 2014 年版，第 37 页。

出："直到今天，这些东西导致了当代哲学的荒芜。"[①] 面对此，巴迪欧认为，哲学不是不可能的，而是被历史上的缝合体系所阻碍了，在今天，我们要拿出纯粹的哲学的姿态，解缝的姿态，让哲学同诸前提特别是诗解缝。至于如何解缝，即在今天如何使哲学成为可能，在巴迪欧看来就是"远征"，至于什么是远征，巴迪欧在《世纪》中主张通过回归传统和源头来探寻新时代中人们的行为活动，对于哲学，则是回到其最初登场的地方，重新出发去建构自身，用古希腊的一个词语概括就是"远征"（anabase）[②]。换句话说，哲学的重生不是简单的"返乡"，而应是哲学的一次"远征"，通过"远征"来重构自身。对于远征，巴迪欧借助于保罗·策兰的诗来表达其对哲学探索的见证，在巴迪欧看来，哲学所面对的是未知的未来，没有事先做好铺垫的指路明灯，需要自己不断地进行探索，哲学的使命就是要远征。就像色诺芬《远征记》中的希腊勇士们一样，"用自己的血肉去开创出一条不可能的道路，这就是哲学！"[③] 在古希腊，由于人们的迷失而选择去远征，在今天哲学也是一样，哲学迷失了自身需要通过远征来重生，"远征"是哲学的重生。至于哲学为什么会迷失自我，巴迪欧指出是缝合导致的，需要对其进行解缝来回归自身，那么接下来问题的关键就是解缝能否实现，对于此，巴迪欧的态度是积极的。在巴迪欧看来，通过哲学的远征，能够实现哲学与诸前提的解缝，至于如何解缝，巴迪欧主张重新构想数元、政治、诗和爱这四个前提，使得哲学找到自己正确的位置，因此哲学通过"解缝"，即反缝合实现对"哲学终结论"的终结，完成哲学的拯救。

---

① ［法］阿兰·巴迪欧：《哲学宣言》，蓝江译，南京大学出版社 2014 年版，第 67 页。

② ［法］阿兰·巴迪欧：《世纪》，蓝江译，南京大学出版社 2011 年版，第 115 页。

③ 蓝江：《忠实于事件本身：巴迪欧哲学思想导论》，北京师范大学出版社 2018 年版，第 7 页。

在《哲学宣言》中，巴迪欧专门讨论了哲学与诗的“解缝”，认为既然诗并没有将存在带出困境，那么诗人时代也就终结了，我们应该回溯到哲学的起源——柏拉图的数学，用数元的理想来解释诗与隐喻性叙述可以实现存在的去蔽，鉴于此，巴迪欧借鉴康托尔的集合论建构了自己的数学本体论哲学。同时，哲学的“解缝”还需要有关键性“事件”的发生（如“五月风暴”和中国的“文化大革命”），巴迪欧说：“正是数元、诗、对爱的思考和革新性的政治事件决定了哲学的回归。”[①] 也就是说，哲学的发生需要数元、诗、对爱的思考和革新性的政治事件的发生，如果没有奠定其意义的关键性事件发生的话，解缝也就成了不切实际的空想。在巴迪欧看来，现时代，已经发生了思想的事件，人们共享着这个事件，同时，为所有人的哲学也已经建构起来，为已经发生的事件提供庇护。对于事件的发生，巴迪欧还指出，事件发生在历史断裂之处，它在原有的知识上打洞，由此与过去的知识决裂，使真理在事件中得以产生，然而，事件的爆发转瞬即逝，需要主体的介入对其进行命名使其延续，故巴迪欧还认为，主体是哲学回归自身可能的核心问题。主体诞生于事件之后，只有在事件之后，才能诞生真理，而主体就是对事件之后的真理的忠实运算程序，使事件得以辨识，进而促使真理的产生。也就是说，关键性事件的发生离不开主体，主体迫使事件打破常规，迫使人对事件采取某种态度，主体对事件的忠诚会生成“类性的真理”。综上，通过解缝与远征，哲学实现了向自身的回归，捍卫了哲学自身的合法性。

（三）哲学的可能性

上文，巴迪欧通过对哲学终结论的批判，通过解缝和远征来拯

① ［法］阿兰·巴迪欧：《哲学宣言》，蓝江译，南京大学出版社2014年版，第54页。

救哲学，可以说为实现哲学的可能性奠定了基础。巴迪欧指出，虽然哲学在当代陷入终结的危机，但它并没有被遗忘，面对当今世界的经济全球化，人处在理性的危机当中，现代人的自我认识需要哲学智慧的启示。正是因为如此，巴迪欧始终坚信哲学必将重生，他指出，面对现今生活世界身患重病，“世界比哲学所认为的还需要哲学”①，需要哲学来为其诊断治病，以使其走出困境，因此在今天，哲学要勇于回应时代的挑战，终结哲学的终结，以一种崭新的姿态再度出场，实现自己的可能性，巴迪欧的新世纪的“哲学宣言”就是哲学再度出场的“呐喊”。

在当代，要想实现哲学的可能性，实现哲学向自身的回归，在巴迪欧看来，必须首先应对哲学终结的危机。上文提到，是缝合导致了哲学终结的危机，哲学与诸前提的缝合使其丧失了自己建立的自成一体的空间，使得哲学在其自身的历史当中麻痹了自己，哲学将自己嫁接到其他活动中，找不到自己合适的定位，也就致使哲学遭受质疑，所以想要克服危机回归自身，哲学必须与诸前提进行解缝，至于如何解缝，巴迪欧主张打破以往的传统的诊断，反对用伦理反思填补哲学的裂缝，主张回归到哲学的根源处，采用一种“断裂的形式”，让哲学从自身之中与历史主义断裂，摆脱其束缚。正如巴迪欧在《哲学宣言》中所指出的：“哲学表达一开始就决定自身，无需参照其历史，哲学要足够大胆地表达自己的概念，不要将其带到他们历史时代的审判席之前。”② 也就是说，哲学在表达自身时不需要参照历史，不要局限于历史主义对自身的局限与麻痹，只是大胆地表达自己的概念就可以。同时，巴迪欧还说：“哲学必须采纳思想的原理，并从中得出结果，只有在那时，从其内在的决定

① Alain Badiou, *Infinite thought: Truth and the Return to Philosophy*, London: Continuum, 2004, p. 56.

② ［法］阿兰·巴迪欧：《哲学宣言》，蓝江译，南京大学出版社 2014 年版，第 86 页。

中，它将会召唤出自己的历史，哲学必须以这样的方式来决定自身，即去判定它自己的历史，而不是让历史去判定它。”[①] 也就是说，哲学可以从其内在决定中召唤自己，在这一过程中，哲学可以自由地去界定自己，通过内在固有的界定，可以将哲学与非哲学的或者类似于哲学的东西区分开来。至于如何去界定哲学，巴迪欧说：“所有的对哲学的界定必须同智术划清界限”[②]，所谓“智术”：“就是以维特根斯坦为代表的现代智者们试图用规则的观念去取代真理的观念的一种操作，这种操作赋予了当代话语一种吹毛求疵批判的虚伪能力和命运的尊严。”[③] 巴迪欧反对这种以习俗、规则或语言游戏著称的智术，主张通过真理的概念来定义哲学，真理范畴是所有可能性的哲学的核心范畴，构成了哲学思想的场所。

同时，纵观当代哲学的发展现状，本体论发展为存在论，形而上学被语言学替代，认识论被认知科学所取代，哲学似乎丧失了其特定的对象。巴迪欧指出，虽然各种哲学终结论剥夺了哲学思想的特定的对象，但它并未断绝哲学发展的出路，哲学的存在依旧有着不断滋生的条件，它通过为世界提供思想行动的场所而使自己存在，使得普遍和必然的真理得以被发现。例如，对于柏拉图，数学为哲学透视理念提供场所；对于马克思而言，历史学为哲学探究社会辩证法提供场所；对于海德格尔而言，诗歌就是为哲学追问存在提供场所；在巴迪欧看来，哲学就是对思想的思考，这种思考是在特定情境中由事件引发出来的。哲学将自己构建为一种独立思考的场所，在这种思想的建构过程中存在着公认的真理，即大真理。“通过这个哲学范畴，同时可以宣布，那里存在着各种真理，这些异质性的真理的多元性可以彼此具有共存可能，哲学则欢迎这些真

---

① ［法］阿兰·巴迪欧：《哲学宣言》，蓝江译，南京大学出版社2014年版，第87—88页。

② ［法］阿兰·巴迪欧：《哲学宣言》，蓝江译，南京大学出版社2014年版，第91页。

③ ［法］阿兰·巴迪欧：《哲学宣言》，蓝江译，南京大学出版社2014年版，第91页。

理并为之提供庇护。”[①] 也就是说，存在着诸多真理，使哲学是其所是的出现，这是我们的方向，作为一种思想行动的哲学，能够实现真理和事件的系统性的整合，挖掘其中的“共存性”。巴迪欧指出：哲学是可能的，哲学是必需的，但对于其将会存在，哲学必须被我们所欲望。[②] 巴迪欧始终秉持着哲学有着美好未来的积极姿态，并将拯救、重构乃至发展哲学作为自己理论的终极目标，为了实现这一目标，巴迪欧主张哲学的未来要有所行动，有所介入。而哲学本身的未来依赖于其存在的条件，巴迪欧将众多的条件分为四种不同的类型：即科学、政治、艺术和爱，这四种类型的条件对应四种类性程序，正是在哲学空间内部类性程序的兼容中，哲学的介入才成为可能，并在哲学的介入过程中事件得以被辨识，通过主体为其命名，进而生产出真理。也就是说，哲学之所以能够存在，也在于它使事件得以被辨识、被命名，在这一过程中，类性程序也在运转当中实现自我更新和发展，真理也从非存实现了其存在。也就是说，哲学总是在事件之后到来的，这也印证了黑格尔的“密涅瓦的猫头鹰总是在夜幕降临时起飞”这一著名的比喻，用巴迪欧自己的话来讲就是，哲学只会“在真理的白昼之后才会到来”。同时巴迪欧还指出，哲学的未来不是以往哲学形式的复活或者重复，而应该是新的哲学的诞生。先前的哲学家之所以宣称哲学终结了，只有自己的哲学才是真正的哲学，其目的是通过在哲学自身引入新的目标和路径，其声称的对哲学的拯救也是为了建构自己的哲学体系，以此来为自己的思想服务。20 世纪出现的不断重复的哲学终结的主题，伴随的是新的思想开端的到来，因此巴迪欧主张哲学面向未来有很多可能性。在面向未来众多可能性的同时，哲学通过不断地创新的

① ［法］阿兰·巴迪欧：《哲学宣言》，蓝江译，南京大学出版社 2014 年版，第 96 页。

② 参见［法］阿兰·巴迪欧《哲学宣言》，蓝江译，南京大学出版社 2014 年版，第 110 页。

行为更新自身，当然这种更新是在一定具体的历史语境当中实现的，因为哲学还要面对其在现实条件中出现的新事件所带来的后果，因此也可以说，哲学的历史是一个在事件之后进行创造性的重复战斗的战场。可以说，巴迪欧的哲学就其本质而言是战斗性的，他的哲学立场鲜明而坚定，他一直坚信世界需要哲学，哲学一直被人们所欲望，在今天，思想的任务不会减少，只会变得更加繁重，因为哲学及其本体论一直与人类的解放事业相伴随。

综上，巴迪欧主张，哲学是必需的，是可能的，这不是哲学史的问题，也不是意识形态的问题，而是哲学本身的问题，哲学的可能性在自己的独特的划界之中。至于哲学如何可能，如何是必需的，在巴迪欧看来，哲学必须从自身之中与历史主义断裂，摆脱其束缚，使哲学作为其所是而重现，同时与智术划清界限，将真理作为自己思想的场所，哲学是对诸真理的把握，是一种真理程序，哲学是可能的，哲学是必需的，但对于其将会存在，哲学必须被我们所欲望，使哲学是其所是的出现，存在着诸多真理，这是我们的方向。为了实现其新的哲学，巴迪欧开辟了不同于解释哲学、分析哲学和后现代哲学的一种新的哲学形式——数学化的哲学形式，主张哲学的可能性在“计数为一”的数学的机制当中实现。利用数学集合论，巴迪欧将存在作为不可认识的纯粹的“多”而彻底地确认下来，通过将某物纳入“计数为一”的操作当中使其获得存在，哲学的可能性也是如此。正是在这种思维的影响下，巴迪欧秉持着柏拉图主义的姿态，建构了其独特的数学本体论，这是下一部分我们重点论述的内容。

二　柏拉图主义姿态

面对哲学终结的危机，巴迪欧分析了哲学终结的表现及原因，通过批判哲学终结论，通过解缝和远征，采取“断裂”的方式，论证了哲学的可能性，指出哲学被我们所欲望，存在着诸多真理，哲学通过对诸真理的把握使其是其所是的呈现，这就为哲学的存在提供了合法性证明。但是，巴迪欧也敏锐地察觉到，以往哲学的出场方式，如语言分析的方式或是实证主义的方式，已经无法跟随时代变化的步伐，满足时代发展的需要，因而哲学必须以一个崭新的面貌、全新的方法和路径去重新出场，哲学的这个新的面貌就是巴迪欧常说的“柏拉图主义的姿态”。在《哲学宣言》中，巴迪欧一度表明自己的姿态就是一种柏拉图式的姿态，他说：“以数（开启），诗（消解），政治（重建），爱（思考）构建起来的反智者的构想，其中我指出的哲学姿态就是柏拉图式的姿态。”[①] 也就是说，巴迪欧结合哲学的四个前提，主张消解诗，终结诗人时代，用数的当代形式开启本体论，对爱的思考要放到真理功能的角度，重建政治事件去开启政治的方向等，这些都是柏拉图的姿态的表现。在《哲学宣言》之前，巴迪欧也明确地表达了自己的这种姿态，主张打破旧有的思维框架的限制，探寻区别于解释学的或者语法逻辑分析的新的基础性的、确定性的风格，“一种类似于笛卡尔学派的哲学风格”[②]，复归于由笛卡尔所代表的真理性哲学传统。巴迪欧的《哲学宣言》的一个核心范畴就是真理，通过用真理反对诡辩来实现哲学自身的思想建构，当然，更深层的原因则在于真理性哲学的复归是世界本身的需要。因此，《哲学宣言》运用“多”的柏拉图主义，去探寻不同的哲学风格，用一种区别于解释学和语法分析的数学去反对诗学，在古典形而上学的帮助下，相信绝对真理的存在，并用它来反对哲学终结论。巴迪欧将这种“哲学宣言”的风格称之

---

① ［法］阿兰·巴迪欧：《哲学宣言》，蓝江译，南京大学出版社 2014 年版，第 73 页。

② Alain Badiou, *Infinite thought*: *Truth and the Return to Philosophy*, London: Continuum, 2004, p. 50.

为“柏拉图主义的姿态”，试图“重新确定哲学在其原初意义上的可能性”[①]。

(一) 巴迪欧与柏拉图

柏拉图作为著名的西方传统哲学家，对包括巴迪欧等诸多近现代哲学家们的思想产生一定的影响。对于巴迪欧与柏拉图的关系，学界众说纷纭，最为集中的就是对《柏拉图的理想国》这本书的探讨和评价。《柏拉图的理想国》写作时间长达6年，是巴迪欧投入精力较多的作品，该书采用柏拉图式的话语体系，但是陈述的是巴迪欧自己的深刻的哲学思想，巴迪欧凭借形式的再建构、普遍化、概念置换、当代性这四种关键性操作将柏拉图思想从古希腊移植到当代社会。阅读此书我们可以体会到，巴迪欧与柏拉图的关系给人以一种若即若离的感觉，一方面巴迪欧时刻在精神上靠近柏拉图，通过柏拉图来阐发自己的一些想法；另一方面，巴迪欧又清醒地认识到他们之间存在的差异，包括时代背景和理论核心等的差异。巴迪欧的厉害之处就是，他将哲学这个共性因素作为连接原始文本与当代命题的核心和关键，因为哲学是永恒的，是连接两个不同时代的共性的东西。所以可以说，巴迪欧的理论书写是为了忠诚于柏拉图所言说的名为哲学的事件，因此可以说，永恒的哲学流通于文本之中，蕴含着对永恒的真理的追求，这种永恒性也使得《柏拉图的理想国》跨越时空的界限，为当下人们提供理论的和实践上的指导和借鉴。

从上文可以看出，对于柏拉图及其思想，巴迪欧持有积极的和肯定的态度，可以说透过柏拉图这面“镜子”，人们可以更好地理

① ［法］阿兰·巴迪欧:《第二哲学宣言》，蓝江译，南京大学出版社2014年版，第145页。

解巴迪欧。但近现代一些哲学家却对柏拉图持批评态度。正如巴迪欧在《哲学宣言》中描述："在斯大林杜撰的哲学辞典中，我们可以读到，柏拉图是奴隶主的意识形态的拥护者，萨特的反本质的存在主义论争中将柏拉图作为其靶子，海德格尔谈到了自柏拉图转向之后便进入了遗忘的历史，当代语言哲学站在智者一边反对柏拉图，波普尔将极权主义的诱惑追溯到柏拉图那里，拉库－拉巴特试图探索出柏拉图同模仿的暧昧关系，这即是西方政治命运的起源。"[①] 由此看出，在这些哲学家眼中，柏拉图在为奴隶主代言，导致存在的被遗忘，滋生了极权主义。这里暂且不评论这些判断的对错，就我们现今看来，这些对柏拉图的解构都是有问题的。我们可以看到，这些对柏拉图的指控无非是想要表达：反传统哲学就要反柏拉图主义，就要驱逐数学，因为柏拉图主张消解诗，运用数学来思考哲学，使意见遭受真理的浸淫，致使现代社会一系列问题的发生，所以柏拉图就成为众矢之的，成为一切罪恶的根源。在巴迪欧看来，哲学史上首先将诗与哲学缝合在一起的是尼采。尼采是反柏拉图主义的典型代表，他认为柏拉图将诗排斥于哲学之外，用数学来思考哲学，凸显了真理与意见的矛盾，导致以真理问题为核心的很多问题的发生，故他主张去治愈柏拉图的疾病，至于如何治疗，尼采提出首要的是去消解数，去治疗真理，去摧毁真理。巴迪欧反对尼采的说法，他认为需要摧毁的不是数和真理，而是尼采的"诊断书"。巴迪欧审视哲学史，指出："自尼采之后，所有的哲学家都自称为诗人。"[②] 哲学也与诗优先地缝合起来，然而一旦哲学与诗进行缝合，就遮蔽了哲学与其他前提（数元、政治和爱）缝合的可能性。海德格尔的"诗意的栖居"实现的是哲学与诗在存在论中的缝

① ［法］阿兰·巴迪欧：《哲学宣言》，蓝江译，南京大学出版社 2014 年版，第 73 页。

② ［法］阿兰·巴迪欧：《哲学宣言》，蓝江译，南京大学出版社 2014 年版，第 45 页。

合，这一缝合给客观性带来巨大的威胁，巴迪欧认为:“赋予海德格尔思想巨大力量的正是以其诗性的解构超越了哲学上对客观性的批判。”① 也就是说，是诗消解了真理程序中的主客体的“客观性”框架。鉴于此，巴迪欧主张回归柏拉图，把本体论从诗学语言中解放出来，同时要想治愈反柏拉图主义的病症，实现哲学的拯救，就要既顺应时代的需求，又应该进一步推进真理范畴，也就是巴迪欧所畅想的，在当代欧洲，真理和数的命运将会是这样，即作为一个新理念的真理，将会在数的频繁出场中被照亮。

受柏拉图的影响，巴迪欧主张本体论必须从哲学和诗的思想中分裂出来，回归到数学渊源之中，因为数学是哲学的本体论的根基。巴迪欧根据其理论发展的需要，将不可置疑的数学公理作为出发点，指出哲学在当今时代必然存在。并以一种柏拉图主义的姿态与哲学终结论者们进行抗争，抗争的理论武器是《哲学宣言》，在“宣言”中，巴迪欧主张回归柏拉图的数学，以严谨的数学作为理论基础，通过构建数学本体论来拯救并重构哲学。这种注重数学思维在哲学领域的应用和拯救哲学的探索，开辟了思考和理解哲学的新的思路。

（二）数学本体论

由上文可知，巴迪欧所秉持的柏拉图主义姿态的最终目标是通过数学来确定以真理为核心范畴的哲学原初意义上的可能性，数学作为巴迪欧哲学思考所依托的路径，是进入巴迪欧哲学的必不可少的前提性准备。在《世纪》这本小册子中，巴迪欧就指出，是数学而不是诗学开启了激进政治哲学的转向，他在吸收拉康的观点的基础上对传统数学进行变革和创新，致力于探讨形式化的数学，将其

---

① ［法］阿兰·巴迪欧:《哲学宣言》，蓝江译，南京大学出版社 2014 年版，第 49 页。

作为自己哲学的目标。因为在巴迪欧看来，“数学是一种把握真实的方式，是关于真的科学，这是任何其他学科所做不到的”[①]。但是我们也要清醒地认识到，巴迪欧的数学是一种介入的数学，一种非康托尔理想的数学，是为事件、真理、主体留下一定空间的数学；巴迪欧的本体论也不是一般意义的数学本体论，他主张立足于断裂性的事件，去摧毁原有的一般本体论和元结构，进而在新的层面重构本体论。

1. 数学本体论的提出

通过对近代哲学终结危机的批判与反思，巴迪欧指出哲学不仅不会终结而且还是必要的，这与他采取一种数学式的哲学回归之路密切相关。巴迪欧认为哲学虽处于危机之中，但它不会终结，作为哲学核心范畴的真理（存在）是永存的，因而哲学也有其存在的可能性，巴迪欧创造性地建构了数学本体论去界定哲学的存在。不同于其他哲学家，数学在巴迪欧哲学中的地位是基础性的，是理解巴迪欧思想的前提。数学式的思维方式在巴迪欧哲学中占据重要地位，这与其家庭教育和求学经历密切相关。作为数学家的父亲从小就教授巴迪欧最前沿的数学知识，铸就了巴迪欧严谨的数学逻辑的思维方式，而作为巴黎高师的学生，巴迪欧还有幸可以聆听康吉莱姆、巴歇拉（Bachelard）等大师的讲座，接受良好的数学教育和熏陶。按照巴迪欧的说法，他之所以采用数学方法，是因为他一方面对数学话语较为熟悉（父亲的言传身教以及求学期间老师的教导），认为数学语言是一种极度清晰且具有逻辑性的语言；另一方面，更重要的是，出于对“科学家的哲学课堂”的考虑，巴迪欧想要用他们所熟悉的数学话语来讲解马克思主义的原理，由此来引起学者们

① A. J. 巴特雷、尤斯丁·克莱门斯：《巴迪欧：关键概念》，蓝江译，重庆大学出版社2016年版，第37页。

的共鸣；而面对哲学的危机和困境，巴迪欧更是利用数学式的阐释方法，开启了他的拯救哲学的独特的道路。《存在与事件》就是其为此做出努力的结果，可以说《存在与事件》呈现给世人的是其精细的数学形式的逻辑推理的本体论，全书的主要部分都是以比较严格的数学式的推理来完成论证的，逐个沉思一环一环演绎，每一环都是整个思维逻辑线索所不可或缺的。巴迪欧后来的著作不像《存在与事件》那样，采取纯粹的数学式的逻辑来论证，但都某种程度上体现其数学式的论证问题的方式，如 2006 年出版的《存在与事件》的续篇《世界的逻辑：存在与事件 2》仍然从数学上对前一本书的主题加以深化，认为数学作为把握真实的唯一途径，贯穿于巴迪欧的整个思想脉络，在巴迪欧之前，笛卡尔、斯宾诺莎就已经将数学和哲学结合起来阐发其理论，所以巴迪欧将数学与哲学结合的做法严格来讲算不上是创新，但他的这一举措具有很强的时代意义，巴迪欧根据其理论发展的需要，从不可置疑的数学公理出发，为我们时代哲学存在的必然性提供了保障。

巴迪欧的数学本体论，最直接是针对海德格尔的“诗歌本体论”提出的，面对存在的被遗忘，海德格尔最终将希望寄托于诗，但是这样的做法既没有摆脱传统形而上学的“在场”，又使存在陷入脱离社会历史语境的抽象的境地。巴迪欧在《哲学宣言》中有一小节专门探讨“诗人时代”，重点说的就是海德格尔。在他看来，海德格尔将思想和诗缝合在一起的做法，使得以真理为核心的哲学和思想仅仅局限于诗的时代，但是巴迪欧也指出，真理是“类性的多”的真理，能为真理提供场域的并非只有诗，数学、政治和爱这些领域也可以为真理的存在提供场域，这也就避免了海德格尔所主张的，对于诗所不能解决的问题，人们只能求助于上帝，认为“只有上帝能救渡我们”的使思想神圣化的倾向，这种将哲学局限于有限性的诗中的做法是巴迪欧极力反对的。在巴迪欧看来，哲学必须摆脱诗的纠缠，才能避免陷入被神或是上帝魅惑的境地。巴迪欧坚持认为，诗歌本体论由于主张诗的过度地在场反而造成存在自身的被遮蔽和隐藏，所以有必要用数学本体论取而代之。于是，巴迪欧对海德格尔的“诗歌本体论”进行了批判性反思，指出，诗人时代已经终结，必须将哲学同诗的前提解缝，本体论哲学必须摆脱诗的纠缠，投身于柏拉图的数学，因为本体论必须是严格的数学意义上的，“数学即本体论”赋予本体论以数学的形式化的本质。巴迪欧始终相信，形式化在其哲学那里是唯一确定的东西，建构本体论的任务只有形式化的数学可以完成。在这一建构过程中，巴迪欧所做的是将海德格尔的存在主义之“存在”的内容去掉，结合结构主义的“形式”，用事件彰显其革命性与激进性，通过逻辑严密的形式化的数学，完成其事件本体论的建构。数学本体论的提出从现实意义上说是巴迪欧想要拯救哲学危机所做出的实际努力。巴迪欧指出，哲学终结的一大表现就是哲学与诗的缝合，缝合导致哲学终结的危机，限制其自身发展的可能性，为了拯救哲学的危机，巴迪欧主张回到柏拉图的数学，作为拯救和重构哲学的需要的数学可以实现重建哲学本体论的要务。巴迪欧指出，在柏拉图那里，能够把握绝对真理的是作为一种纯粹的思想形式的数学而不是诗，诗人是智者的帮凶，应该被排斥在哲学的规划之外，因此柏拉图主张“将数学上对无理数的处理纳入到他所谓的‘罗格斯’的视野之中”①。可见柏拉图对数学十分重视，然而这种对数学的重视遭受到哲学终结论者的批判，柏拉图主义也成为众矢之的。哲学终结论者们认为，要想治疗哲学，治疗真理，关键在于对数学的舍弃，如果舍弃不了，对哲学的治疗就不会彻底。面对柏拉图主义所遭受的批判与攻击，巴迪欧也进行了深刻的批判性反思，指出这些反哲学家反对

---

① ［法］阿兰·巴迪欧：《哲学宣言》，蓝江译，南京大学出版社 2014 年版，第 72 页。

数学的原因，是他们普遍认为虽然数学具有逻辑上的严密性和永恒的绝对性，但是却无法实现对现实中的具体而短暂的存在的认识，基于此，巴迪欧指出：“反哲学家都自愿屈服于一种诱惑，即对数学的蔑视”①，追查其原因就是，终结论者认为数学本体论在对待“一”与“多”的关系问题上过多地重视“一”而忽略“多”，巴迪欧也认为，本体论首要探讨的是“一”与“多”的关系，对于两者关系的处理对哲学发展的命运和路向具有直接而重大的影响。

巴迪欧用数学的方式进行思考，试图通过“数学”摆脱有限存在的限制，通向一条无限的可能性的道路。数学逻辑对于哲学的建构起到重要作用，使得巴迪欧能够在非连续性之中操纵诸多要素，因此巴迪欧说：“数学就是本体论。”这里需要强调的是，不同于一般意义的数学，巴迪欧的数学依托于康托尔的集合论——这一特殊的数学范畴，作为其数学本体论哲学建构的理论基础。

2. 数学本体论的内涵

了解了数学本体论在巴迪欧思想中的基础地位，明确了其提出的缘由，接下来我们详细看一下巴迪欧数学本体论的内涵。上文提到，“一”与“多”的关系问题是所有可能的本体论所关注的首要问题，纵观哲学史，无论是笛卡尔的“第一原理”，还是黑格尔的“绝对理念”，都主张用“一”对“多”的压制来解决两者的关系问题。在《巴门尼德篇》中柏拉图曾提出“一即是无”的思想，巴迪欧对此非常欣赏，并将其与数学式思维方式相结合，探寻出本体论中“一”与“多”的关系问题的最终解决方案。同时，受康托尔的集合论，特别是保罗·科恩的类性集合思想的影响，巴迪欧构建其数学本体论实现对哲学的拯救，完成了治愈反柏拉图主义的

① ［法］阿兰·巴迪欧：《维特根斯坦的反哲学》，严和来译，漓江出版社2015年版，第19页。

病症和拯救哲学的要务。

借助于康托尔的集合论，巴迪欧建构起了拯救哲学的数学本体论。在巴迪欧哲学思想的渊源一节，笔者专门介绍了康托尔的集合论。康托尔的集合论是针对传统数学计数规则的有限性提出的。在康托尔看来，数学的对象就是集合，“所谓集合，是把我们的直观或思维中相互间有明确区别的那些对象（它们叫集合中的元素）作为一个整体来考虑”[①]。也就是说，对象的整体就是集合。集合中包含着无限的、作为统一的整体元素，不同于传统数学的有限性，即数在计数规则下是有限的，可以被预测和把握，康托尔的集合论则是打破了数在原有的计数规则下的有限性，认为集合不是绝对的和永恒的，总是有无法被计数的东西存在于集合之外，因而导致断裂的产生。正是这一想法深深地吸引了巴迪欧，他的事件对原有情势的断裂就是这一想法的生动体现，在这里，事件类似于无法被计数的外在于集合的空的位点，通过与原有情势的断裂，主体在这一过程中浮现出来，进而通过主体性操作缝合真理与情势的断裂，使真理得以重现。同时巴迪欧也敏锐地察觉到，康托尔集合论成立的条件依赖于“连续统假说”，即集合中的诸元素具有统一性，但人们无法实现对假说本身的证明，因此巴迪欧求助于科恩的“力迫法”，通过“力迫”，即主体对集合中全部元素的强制命名，使其整合于一种类性真理程序之中，从而实现对“一”的解释。这样，通过主体的强制性命名，实现了对“一”与“多”的复杂关系的解释。但是我们也要知道，巴迪欧的本体论立足于解决“一”与“多”的关系问题，但更多的是对“多”的关注，正如巴迪欧在他的《存在与事件》中所言，我们想要寻求的不是“一”的本体论，而是“多”的本体论。因为在巴迪欧看来，世界呈现给人们的是具体

---

① 李凌：《康托与集合论的创立》，《数学教学与研究》2007 年第 21 期。

的“多”，人们想要找到一个“一”把所有的“多”囊括起来，但是“一”是计数的结果，是不存在的，没有这样的一个“一”，在现实中无法达到，所以他更多地强调“多”的本体论。

为了说明一与多的关系，巴迪欧引入了“情势”和“情势状态”的概念，“情势”（situation）是“具体的多”，与康托尔集合论中的元素相类似，每个情势都遵循着自己独特的“计数为一”的操作规则，并在规则的约束下表现出一种稳定性，使得情势在特定的时间内趋于一种稳定的态势，即巴迪欧所说的“情势状态”，情势是集合中的元素，情势状态则对应着整个集合。康托尔集合论主张的，有些集合之外的东西是无法被计数的，“计数为一”的运算法则是无法把握非连贯性的多，这些无法被计数的东西致使其形成与原有集合的断裂，对此，巴迪欧主张求助于数学家保罗·科恩的“类性”概念去解决这一问题。在科恩那里，“类性”作为一个数学术语是指“类性集合”，表示的是“类性的多”，巴迪欧指出，类性集合可以表示不可判定的、不可识别的、非连贯性的多，使得被逻辑连贯性视为不可能的因素通过数学被表达出来，也就是要数学去面对真实，面向存在与真理，真正地呈现出存在的必然所在。这样，“类性”概念弥补了“计数为一”原则的缺陷，正因为如此，巴迪欧断言：数学就是实际的本体论。这一论断可以说是对其导师阿尔都塞的把马克思主义科学化的传统的继承和发扬，其高度形式化的数学实现了对法国科学主义思潮的继承和发展。

从上文我们知道，巴迪欧主张回归柏拉图的数学，将数学作为哲学的思想基础，采用数学式的阐释问题的方法，通过事件、真理、主体三位一体的数学本体论的建构，实现了对哲学的拯救和重构。巴迪欧所采取的数学式的思维模式去拯救哲学超越了人们熟知的思维模式和框架，在其所处的时代是一种创新性的探索，为哲学问题的思考和探索提供了新思路。同时，我们说巴迪欧所建构的数学本体论对于传统本体论哲学上“一”与“多”的矛盾和冲突的化解起到一定的作用，但也要看到，其数学本体论过于关注“多”（特殊），而对于“一”（普遍）的关注不够。因此人们对于其理论质疑，建立在数学基础上的哲学本体论呈现的是传统哲学的回归还是哲学的重构？能够实现哲学的拯救和重构吗？如果能，在多大程度上实现拯救？面对上述质疑，巴迪欧正视哲学所处的困境，也深知要想真正为哲学的未来找到出路是何等的艰难。但是，巴迪欧并没有因此而止步，而是继续探索拯救和发展哲学的出路，他对今天哲学的态度是“更进一步”或“必须前进”[①]。因此我们要肯定巴迪欧为拯救哲学所做的努力，因为巴迪欧通过回归于柏拉图的数学，借鉴集合论所创建数学本体论的目的并不是去建构绝对完善的数学，而是要借助数学集合论来赋予其本体论以合法化的、科学化的形式和内涵，通过数学去思考和表达那些被逻辑连贯性视为不可能的因素，让数学去直面存在与真理，面向真实，进而为存在的必然性提供合法性证明，为哲学的重建奠定了基础。也就是说，巴迪欧认识到即使是逻辑上再严密的数学，也能发现其中有不一致和不连贯的地方，巴迪欧洞察到不连贯性的存在，认为这恰好为事件的发生和主体的介入创造了条件。因此我们说，巴迪欧的数学本体论既奠定了哲学重建的科学基础，也为自己的激进思想提供了合法性的依据。其数学本体论在这个普遍性缺失的时代做出的恢复哲学普遍性的努力，对于促进人们重树本体论的信念，重拾哲学的本质和价值以及对哲学本性的维护具有重大意义。数学本体论的建构，不仅构成了巴迪欧哲学的重要标志，而且也标志着当代哲学的重要转向。

---

① ［法］阿兰·巴迪欧：《第二哲学宣言》，蓝江译，南京大学出版社 2014 年版，第 96—97 页。

3. 类性的多

上文提到，在巴迪欧看来，今天想要治愈柏拉图主义的病症，实现哲学的拯救，必须依靠数学来完成。在借鉴康托尔的集合论和科恩的“类性”理论基础上，巴迪欧建构了拯救和重构哲学的“数学本体论”。康托尔集合论提出了“计数为一”的运算法则，通过“计数为一”人们可以很好地认识纯粹的多，但是对于非连贯的多或者“计数为一”的规则本身则是无法认识的，因而无法给出一个真正的“纯多”。巴迪欧认识到康托尔集合论的这一大缺陷，求助于科恩的可以弥补“计数为一”原则缺陷的“类性”概念，在科恩那里，“类性”作为一个数学术语是指“类性集合”，表示的是“类性的多”，巴迪欧指出，类性集合可以表示不可判定的、不可识别的、非连贯性的多，使得被逻辑连贯性视为不可能的因素通过数学被表达出来，这就解决自康托尔集合论一直没有解决的无限多元的问题。“类性的多”的第一次提出是在数学活动中，后被应用于哲学，在保罗·科恩那，“类性的多”揭示的是非连贯的多，代表着没有区分的事物，即普遍的真理（自身存在的真理），这正是巴迪欧所思考的关键点，在《存在与事件》中巴迪欧旗帜鲜明地指出：“标记其思想的范畴不是康托尔集合论视域下的纯粹的多，也不是哥德尔的可构造性，更不是空（通过空存在得以命名），甚至不是事件，这个范畴应该是类性（generic）。”① 可见类性概念在巴迪欧思想中的重要性。在巴迪欧看来，类性多元思想为传统本体论中一直没有解决的“一”与“多”的矛盾和冲突问题提供了解决方案，鉴于此，巴迪欧立足于其数学本体论去建构“类性真理”，主张用“类性真理”拯救并重构哲学。真理是哲学的核心范畴，真

① Alain Badiou, *Being and Event*, trans., Oliver Feltham. London. NewYork: Continuum, 2005, p. 15.

理的权威恢复了，哲学也就被成功拯救了。

统观真理发展史，柏拉图的真理是一种“符合论”真理，海德格尔的是“存在论”真理，福柯的是“权力论”真理，与上述真理不同，巴迪欧的真理是独特的类性的多的真理。“类性”具有不可识别和不可知的特性，因此巴迪欧指出，作为类性的多的真理，无法被辨识，也无法被命名，因为“真理作为类性的多元性：没有任何谓语可以辨识出真理，没有任何明确的定理可以被命名为真理”①。既然作为类性多元的真理无法被识别，是不可知的，那么巴迪欧为什么认为真理是类性的真理，为什么类性的多是一种真理存在的类型这样的说法是合理的？也就是说，问题的关键就是，我们如何思考类性的多的真理的存在。巴迪欧在此给出了解释，在他看来，“多”是一个特殊的范例，在这里可以是任何东西，如果说作为存在的“多”的权威是无限的并同时存在着真理，那么真理需要满足三个标准：“首先，真理必须是多之真理，在多之内生产，是真理情势的一部分；其次，真理是事件之后的真理，不存在结构性和客观性的真理；最后，多之情势是不连贯的，真理需呈现任意的多元，真理是情势的类性部分，类性决定了它是情势中的任意部分。”② 也就是说，多之真理必须满足以上的条件才能真正地成为真理，而满足以上条件的真理也被巴迪欧称为“大真理”，“‘大真理’是一个操作性的范畴，它开启了思想之中积极活跃的空，这个空是按照对连续序列的颠倒和临界点的另一边来定位的”③。这个空的呈现形式是事件，需要通过主体忠实于事件的命名操作使之再现，再现出来的是“大写的一”，命名的同时也使得集合获得一种

---

① ［法］阿兰·巴迪欧：《身体·语言·真理》，艾士薇译，《当代艺术与投资》2011年第5期。

② ［法］阿兰·巴迪欧：《哲学宣言》，蓝江译，南京大学出版社2014年版，第80—82页。

③ ［法］阿兰·巴迪欧：《哲学宣言》，蓝江译，南京大学出版社2014年版，第15页。

包含所有要素的共有可能性的结构，即类性结构，而主体在类性结构中揭示出来的真理就是类性真理程序。巴迪欧在《哲学宣言》的命题4b中集中探讨了大真理，他认为，真理在哲学之先就存在着，这构成了哲学事实上的、历史上的反思的前提，作为一种进行思想建构的哲学，在它当中存在着一种公认的反对智术的真理，即大真理，大真理说明了存在各种不同的真理，并且这些异质性的真理可以共生共存，因为哲学为其提供辩护，这也体现了事物多元状态和思想统一性。大真理的哲学范畴就其自身而言是“空”（非在)，空是一种“操作”，但它不表达任何东西，哲学就是对异质性真理的操作，通过这种操作来处理存在真理和诸多真理在时代中共存的可能性。同时巴迪欧也强调，大真理之空，在范畴上不是存在之空，而是操作上的、非显在的空，思想上空的唯一显现就是数学上的空集，在那里，哲学对诸真理进行操作。所以大真理就是去把握各种真理并理解其他四种前提的真理。对真理的操作使其具有普遍性，在《哲学宣言》中真理作为类性的多的形式具有普遍必然性，有效地反驳了哲学终结论这一谬论。

《哲学宣言》的核心概念是“类”，其在《存在与事件》中也被较多讨论。巴迪欧从类出发去说明真理。在他看来，真理是类性的多元真理，这里的真理是消除了特殊性的普遍性真理，类性的多设定了所有行动的标准，其最终目的是生产出真理，类性真理可以在不同情势中去创造出情势的类性子集，因而具有普遍性。“类性”是转向“多”的柏拉图主义姿态的核心概念，从“类性”概念中，可以找到哲学在当代与诸前提共存的可能性，也就是说，对政治、诗、数、爱的理解都离不开“类性”概念，今天的哲学就是对这样的“类性”的思考，它解决了长久以来的存在的“一”与“多”的冲突和矛盾问题。巴迪欧指出，存在的本质是“多”，在与“一”的斗争当中，我们还必须担当起“多”，这里便产生一个困难，即倘若存在是“多”，那么我们如何去拯救真理范畴呢？这个拯救是柏拉图式的姿态的核心。鉴于此，巴迪欧创造性地提出一种新的真理学说，即类性真理，类性真理可以进行对于“多”的独特生产，使之与存在之为存在的不可化约的多元性相匹配，进而实现对多的担当与把握，在这里，核心范畴是“类性多元”，它奠定了“多”的柏拉图主义。这里我们也要看到，巴迪欧的类性真理是动态生成的，区别于柏拉图的静止不变的真理，柏拉图的真理呈现的是具有绝对的确定性的单一的话语，巴迪欧的真理观对其有所借鉴，但与柏拉图的真理观是不同的，在巴迪欧那里，真理是类性的多的真理，类性的多元既是真理的前提，也为哲学的存在提供思想的空间。正如巴迪欧所指出的，作为思想场所的哲学，道出了真理的存在，“并声称诸多真理具有共存的可能性”①。也就是说，通过哲学的行为，使得诸多真理得以被把握，与此同时，类性的多元也为“多的柏拉图主义”奠定了基础，透过类性的多，人们可以思考作为独特程序的多的后果，这让一种纯多的本体论成为可能，而无须贬斥真理，无须认识语言变量的构建性本质②。鉴于此，巴迪欧指出，是数学解决了本体论中“一”与“多”的关系问题，最终使本体论成为可能，作为哲学核心范畴的真理具有普遍必然性，那么哲学的合法性也不证自明。

三　事件、真理、主体三位一体的本体论哲学

巴迪欧通过对哲学终结论的反思性批判，通过解缝与远征，指出在今天哲学仍被我们所需要，哲学是必需的，并为哲学的合法性

---

① ［法］阿兰·巴迪欧：《哲学宣言》，蓝江译，南京大学出版社2014年版，第115页。

② 参见［法］阿兰·巴迪欧《哲学宣言》，蓝江译，南京大学出版社2014年版，第78页。

提供了证明，同时巴迪欧探索出拯救哲学的独特之路，即通过回归柏拉图的数学，以一种柏拉图主义的姿态，通过借鉴康托尔的集合论和科恩的“类性”概念，以其独特的数学式的阐释方法，建构了“事件、真理、主体”三位一体的本体论哲学，实现了对哲学的拯救和重构。

事件、真理、主体是巴迪欧哲学的三个核心的范畴，三者也都分别构成了巴迪欧哲学的重要组成部分，其中事件哲学、真理程序和主体理论每一部分单列出来也都在巴迪欧哲学思想中占据重要分量，三者既是独立的，又是不可分割的整体，有着千丝万缕的联系。巴迪欧肯定了三者在哲学上的内在统一性，指出把握事件、真理、主体的三位一体是当代哲学的目标和归宿，可见，事件、真理、主体三位一体的本体论哲学的重要性。彼得·霍尔沃德是较早关注并研究巴迪欧哲学的思想家，他在 *Introduction to Badiou*：*A Subject to Truth* 一文中指出：“真理、事件、主体是这一过程的所有方面：真理通过主体的宣布而成为真理，主体在宣布真理的过程中以其对事件的忠诚而成为主体。”① 这句话准确地揭示了事件、真理、主体三位一体的深刻内涵，事件是主体和真理的前提，主体是事件和真理的中介和外在表现形式，真理是三者最终的目标和结果，即事件和主体消融在真理当中。对于“三位一体”的基本内涵的揭示体现了巴迪欧思想中的三者的内在统一性，但是我们也要看到，透过事件、真理、主体三者的相互联系、纠缠和作用，三者在内在统一性中所扮演的角色以及发挥的作用是不同的，他们遵循着不同的理论运演逻辑，所以我们一方面要从总体上对内在统一性进行全方位的概括，另一方面也要分别对事件、真理、主体进行具体

① Peter Hallward, *Introduction to Badiou*: *A Subject to Truth*, Minneapolis. London: University of Minnesota Press, 2003, p. xxvi.

的理论分析。鉴于此，该部分笔者从事件哲学、真理程序和主体理论三部分出发，分别介绍其思想的同时，探寻三者内在统一的逻辑理路。

（一）事件哲学：情势的断裂

关于事件哲学，彼得·霍尔沃德说："巴迪欧的事件哲学本身就是当今法国思想中的著名事件之一。"[①] 吕清平也曾给出这样的评价，认为"巴迪欧的事件哲学是当代西方左翼理论建设性转向的标志，是巴迪欧对思想史的核心贡献"[②]。在巴迪欧那里，事件作为通向真理的道路，是其哲学思想的始终如一的线索，贯穿于他的整个哲学体系，因此，事件哲学也成为巴迪欧思想的别称，是巴迪欧哲学思想的核心，对事件的了解是进入巴迪欧整个思想的前提性准备。事件是巴迪欧哲学的核心概念，就"事件"概念来看，"事件"一词并不是巴迪欧的独创，至于何谓"事件"，《外国哲学大辞典》中解释道："怀特海把事件表述为处于一定时空关系中的世界的基本元素。"[③] 也就是说，世界是由事件这个基本元素构成的，不是由简单的事物组合而成。从词源上看，对事件的理解分为动词的和名词的，动词事件对应拉丁语动词"evenire"，有到达或来到之意，表达了一种朝着某个方向或正在到来的动态过程，类似于法语的"arriver"，可以想象成某物随水流漂动而到达水岸的景象；名词事件对应拉丁语原名词"eventus"，意为结局、结果，也可用法语"issue"表示，简而言之，动词事件呈现的是动态的到来中的过程，名词事件强调发生的结局和结果。巴迪欧的"事件"体现了

---

① Peter Hallward, *Introduction to Badiou: A Subject to Truth*, Minneapolis. London: University of Minnesota Press, 2003, p. xi.

② 吕清平、蔡大平：《西方学界关于巴迪乌思想研究综述》，《国外理论动态》2010 年第 6 期。

③ 冯契、徐孝通主编：《外国哲学大辞典》，上海辞书出版社 2008 年版，第 219 页。

事件的“到来中”的自我生成的特性，即是一种突发的动态的生成。事件呈现为一种有待发生的潜在状态，所谓潜在也就是还没有发生，尚未成为现实，因而对于现实来讲是一种非存在，但是这种非存在并不是纯粹的，它蕴含着将要发生的潜力，某种程度上预定了事件的存在，为事件的爆发提供了前提性的准备和条件。

从巴迪欧哲学思想的来源看，事件哲学既有着深厚的理论基础，也是对法国现实的社会历史的能动的反映。关于理论基础，上文我们也总结到，巴迪欧的“事件哲学”集众多哲学元素于一身，柏拉图的数学及其普遍真理观，萨特的存在主义，阿尔都塞的关于科学与意识形态的区分，拉康的无意识主体以及康托尔的集合论等都是巴迪欧哲学思想的重要来源，为巴迪欧事件哲学的构建提供了理论基础。在《存在与事件》中，巴迪欧坦承自己的事件哲学对上述思想家的思想有继承也有超越，他的思想特色就是借鉴康托尔的数学集合论，建构了自己的数学本体论哲学。关于事件哲学的现实基础，巴迪欧指出，当代资本主义的异化现状构成了巴迪欧事件哲学的实践基础。在资本主义统治体系下，民主自由处于异化的状态，所谓的民主是被资本主义当局所掌控的异化的民主，所谓自由也不过是被道德法律等束缚的异化的自由，在资本主义体制下，人们的生产和生活体现为异化了的生产和消费，人们被笼罩在异化框架下苟且偷生。面对这种现状，哲学对现实的能动的反映在当代也处于“病态”之中，正是在这样的时代背景下，巴迪欧指出哲学可以治愈，世界前所未有地需要哲学。巴迪欧将哲学定义为“事件哲学”，其思想的传播者和解读者——贾森·巴克和霍尔沃德都认为，巴迪欧的事件哲学的最基本的内涵是关于真理的激进话语。霍尔沃德还指出，巴迪欧的事件哲学将公式性的、形式性的、平等的思想观念与激进的变革理论联系起来体现了他的思想的典型特征，这既体现了巴迪欧对柏拉图的对真理普遍性的坚持以及萨特的对主体介入的坚持，但又超越两者，“巴迪欧激进的真理观实现了与现状的彻底决裂，通过主体实现了对情境的彻底改造”[①]。也就是说，巴迪欧的事件哲学代表了其哲学的激进特性，一方面认为真理普遍和永恒，另一方面主张通过主体的介入来改变现实的情境。因此可以说，巴迪欧的事件哲学超越了柏拉图理念哲学的与世无争，又克服了萨特存在哲学的虚无主义倾向。

在说明事件的发生（断裂）的时候，巴迪欧引入了“情势”和“情势状态”两个概念。“情势”概念是巴迪欧在数学集合论基础上自创的，依托康托尔的集合论，巴迪欧给予空集和无限以特殊的关注，认为正是在这个看似问题两端的空集和无限之间，使得集合论得以存在，空集是一切存在的起点，虽然空集空无一物，但它是展开每一种特殊结构的源泉所在，这显现出巴迪欧和康托尔集合论的复杂的渊源关系，也在空集的意义上印证了柏拉图的“一即是无”的思想。鉴于此，巴迪欧指出，“情势”是通过“计数为一”的整体形式的显现，这种显现的特征便是“多”被计数、被辨识、被命名。也就是说，世界呈现给世人的是多，杂乱无章的多，情势是使多通过被“计数为一”，或者某种整体的形式再现自己，通过被计数、被辨识、被命名来彰显自身。按照巴迪欧数学集合论的说法就是，世界呈现为一个元素众多的集合，各个元素构成了多的非空的集合，根据集合论可知，包含众多元素的集合遵循着特殊的归属和包含原则，这些原则是集合之所以成为一个集合的原因所在，也体现了集合中诸多元素的某种共通的部分，即巴迪欧所谓的情势。举个例子，假如我们把俄国十月革命比作一种情势，那么某个个体或者话语和地位等元素就包含在这个情势之中，这些元素都是

① Peter Hallward, ed., *Think again: Alain Badiou and the Future of Philosophy*, London. New York: Continuum, 2004, p. 29.

各自独立的，但是它们有着共通的部分，就是这些元素都可以归属为一个名为俄国十月革命的情势，这是唯一可以确定的事情，也就是说，情势包含了它所属的所有元素。由此可知，一方面，情势展现出了一个集合的计数方式，这是集合中诸多元素构成一个集合的原因所在，即情势本是集合的原初显现；另一方面，情势也提供了集合的可以“计数为一”的计量操作标准，通过一个“操作”，情势重现其自身，并将整个情势“计数为一”。与此同时，巴迪欧还指出，情势的“计数为一”的操作形成的是对诸多元素结构的基本情况的把握，即情势通过“计数为一”使得多成为一之多的存在，使得诸多之多有了一个结构，成为其所是，呈现其存在的基本样态。但是，巴迪欧也强调这只是第一次计数，在这里某种东西逃脱了计数，这个东西就是计数规则本身，因为计数规则对自身无法进行计数，这就造成其与原初情势的断裂。鉴于此，巴迪欧主张进行第二次计数弥补，通过第二次计数，将第一次计数中的“漏网之鱼”抓捕而使之完满，巴迪欧把第二次计数的过程命名为“再现”，即巴迪欧所说的情势状态（the state of situation）①，情势状态在进行第二次计数过程中产生认识情势的类性程序，类性程序通过对情势的操作而使其得以再现。这样，在两次计数过程中，同时存在着呈现和再现，通过再现，打破原有情势的不连贯，使其成为一个大写的“一”。总之，在巴迪欧那里，真正意义的本体论是建立在两次计数的基础上的，第一次计数保证了多的展现和呈现，第二次计数确证了计数规则的正当性，为情势本身的连贯性提供保障。由此可以看出，情势和情势状态的区分是巴迪欧哲学中的一对重要

① 情势和情势状态是巴迪欧哲学中的一对重要范畴，情势是原生性的集合，导致情势的形成是事件，而情势状态是后事件性的主体操作，在这种操作下，主体将生成的集合“计数为一”，这种“计数为一”的方式就是这种情势状态下的类性真理程序，这个真理程序命名着集合中每一个元素并将之标识为该集合下“一”。

范畴，情势是原生性的集合，是具体的多，类似于集合中的元素，导致情势的形成是事件，而情势状态是后事件性的主体操作，在这种操作下，主体将生成的集合“计数为一”，这种“计数为一”的方式就是这种情势状态下的类性真理程序，这个真理程序命名着集合中每一个元素并将之标识为该集合下的“一”。但是，巴迪欧借鉴拉康的症候①和阿尔都塞的症候式阅读②的关于断裂的想法，在《存在与事件》中指出，在情势和情势状态的两重计数中，并不是所有的元素都能够被纳入情势状态中去，有些元素属于情势但不属于情势状态，这些元素对于情势状态而言是非在的，它们无法被“计数为一”的规则所接纳，因此溢出计数规则结构之外，与原有的情势发生断裂，“事件”也因此而产生，作为存在的断裂的事件揭开了存在的面纱，是走向存在的必经环节。“事件”是独一无二的，它通过与过去的情势完全决裂而呈现全新的自己，意味着不能再用原有既定的知识体系对之加以认识，也就是说，事件的发生与降临，需要“在知识上打一个洞”，与过去的知识决裂，在这一过程中，真理得以产生。也就是说，事件是既有情势的断裂，这一断裂也预示着一种建构，巴迪欧通过事件对原有情势的打破揭示的是真理的出场，作为“类性的多”的真理既是事件的结果也是其目标指向。“事件致力于将普遍性与特殊性联结起来”③，即事件在打破原有既定情势之后，促使一种新的普遍性产生，在这个新的普遍性

---

① 在拉康那里，症候是一个空位，一个不能在象征界上的能指链上具体化的空位，由于无法填补这个空位，因此产生了症候，这个症候中断了能指链的连贯统一性，让其变成了一个不连贯的整体。

② 阿尔都塞“症候式阅读”是对既有的知识体系的悬搁，用一种拉康意义上的“缝合”的方式来处理“症候”所导致的创伤，这意味着“症候”需要我们重建知识体系，这个重建的知识体系必然意味着与传统知识体系的决裂。如果要达到真实，那么就必须在症候从象征界的裂缝中涌现出来的时候用数学化的方式来抓住它，进行缝合。

③ Alain Badiou, *Theoretical Writings*, trans., Ray Brassier and Alberto Toscano, London. New-York: Continuum, 2004, p. 145.

中，真理得以被建构。因此我们说，正是事件促使新的真理得以产生，真理是事件预想的断裂所带来的可能性结果，即事件使真理发生，使哲学存在。面临哲学的存在问题时，巴迪欧引入了数元、诗、政治和爱这四个哲学前提，以及与这四个前提相对应的“类性程序”（即前提的集合），并表明类性程序所产生出的科学真理、艺术真理、政治真理和爱的真理都是存在着的，当然，保证这些前提存在的条件就是事件的发生，是事件使得以真理为核心范畴的哲学成为可能。结合哲学的前提，巴迪欧还指出，从康托尔到保罗·科恩的道路构成了数元的事件；雅克·拉康的作品构成了爱的事件；从1965年到1980年的历史序列构成了政治事件；保罗·策兰的作品构成了诗的事件。正是透过事件这些前提保证了其自身存在的可能。因此说，不同于传统哲学或者形而上学，巴迪欧的哲学就是“事件哲学”。同时，巴迪欧还对事件作出存在层面和世界逻辑层面的区分，前者认为事件是存在的断裂；后者则指出“事件打破了世界呈现的逻辑”[①]，是世界的逻辑层面的断裂。事件在巴迪欧那里是人们认识社会现实的唯一真实的媒介，无论是存在层面还是在呈现层面，事件的断裂都是为了揭示真理，促使社会在一种断裂性批判的基础上更好地前进，这体现了巴迪欧哲学的不断批判与反思的精神。

“事件”从属于一定的“情境”，代表了例外、断裂、突发以及行动。例如，法国大革命事件、俄国十月革命事件、“五月风暴”事件、中国的“文化大革命”事件，等等，诸如此类的事件致力于超越现实的可能性，总是在打破惯例和停止重复，具有不可预测和不可计算的特性。也就是说，事件偶然发生、无法预知，我们只能

① Alain Badiou, *Logics of World*: *Being and Event* 2, trans., Alberto Toscano, London. New York: Continuum, 2009, p. 79.

静静地期待并等待事件的发生，因此事件发生之前主体是不存在的；同时对于事件的具体起因，巴迪欧也并未进行分析，巴迪欧的事件的产生完全是随意的，人们无法事先预知，这是一个纯粹的、彻底的断裂，不仅是社会现实的断裂，也是人们在认识上的断裂。所以在事件发生之前主体是不存在的，主体作为后事件性的产物，通过介入性的命名使得事件得以被延续，通过忠诚于事件而架起事件和真理连接的桥梁。同时我们看到，巴迪欧运用集合论的思想，通过预设绝对空无的事件点说明事件的发生，但并未阐释事件究竟如何发生的原因。马克思主义则与之完全不同，马克思也有事件，马克思视域中的事件是有着具体的发生原因的，他立足于资本主义社会发展的具体状况，深入社会发展现实，对其进行辩证性的批判与分析，指出诸多问题产生的原因是社会化大生产与资本主义私人占有制之间的矛盾，正是这一资本主义运行机制内在固有的矛盾导致社会危机的产生。我们可以将马克思的事件归结为革命事件，是社会历史条件以及资本主义社会的危机、矛盾、问题等促使革命事件的发生，革命主体天然地存在于革命事件当中，是革命主体促使革命事件的发生。对于革命事件的具体起因，马克思指出，原先的社会状态中就累积了矛盾激化并演变成革命事件的因素，比如资本主义的灭亡就是在资本主义社会矛盾严重激化的情形下发生的。马克思的历史逻辑道出了革命事件的发生与原先社会的内在逻辑关系，而不同的社会形态之间也有着严格的、连续的历史脉络，这也正是马克思的广义的历史唯物主义。巴迪欧则把这种不同社会形态之间衔接性的事件彻底取消了，取而代之的是他的作为非连贯性的历史，在巴迪欧这里，历史已经不再拥有一个一以贯之的逻辑，甚至没有一个清晰的整体性线索，取而代之的是事件的断裂和历史状态的堆砌。

（二）真理程序：真理的存在

在上文“类性的多”一节，我们也谈到真理，那里的真理是类性的多的真理，是真理应有的模样，至于真理该如何存在，如何实现其该有的模样，是我们这部分要探讨的问题。巴迪欧在《存在与事件》以及《哲学宣言》中集中探讨的是存在层面的真理，认为真理是以真理程序的方式存在着，当然，这种存在仍旧离不开数学本体论基础的支撑。

关于真理的存在，我们简单回顾一下哲学史上真理是什么样的存在。查找词源我们发现，真理源于古希腊一个古老的词语“aletheia”，意思是“去蔽”，即恢复事物的本真存在，这时候的真理探讨的是事物的本原，表现为对事物本质的探寻。随着基督教的产生，真理也逐渐转变为对上帝的全知全能的体悟，具有较大的神秘主义色彩。16—18 世纪文艺复兴和自然科学的发展促使人的主体性的觉醒，人们开始将真理与知识联系起来，认为真理就是一种知识论，是一种本质性的绝对，这种本质主义的真理观与经验主义和实证主义的认识论有关，至此，真理实现了从本体论到认识论的转向。德国古典哲学则是在一种主客体统一的关系中探讨真理。现代哲学出现了海德格尔式的“存在论”真理，福柯式的“权力论”真理等，这些都不断地刷新人们对真理的了解与认知。但是随着社会日益陷入差异化和碎片化，对真理的探讨逐渐淡出人们的视野，当代的文化症候之一就是对真理的否定和摒弃，认为真理失去了普遍主义的根基，只有相对的有效性，没有绝对的真理性。巴迪欧敏锐地察觉到真理面临着被否定和摒弃的危机，对此，巴迪欧主张重新树立真理的权威，他将真理问题作为自己思想的关键，通过构建事件、真理、主体三位一体的本体论哲学去维护真理。统观真理的发展史，从传统哲学到近现代哲学，真理总体上经历了从本体论到认识论的转向，由起初的形而上学范畴的客观存在到被人的认识所掌握的客观事物的规律，同时，对真理的评价标准也产生了变化，从符合事物的本质发展为人的认知与客观事物的符合程度。所以说，传统哲学的真理揭示的是主客体的二元对立，探讨的是主体的人如何去看待作为绝对的“一”的真理。如果从一种“元问题”的视角看，这对于真理是什么、真理如何存在并没有给予回答，巴迪欧以数学本体论为基础，对于真理是什么的问题做出了存在角度的回答，即真理是“类性的多”。“类性的多”揭示的是非连贯的多，代表着没有区分的事物，即普遍的真理（自身存在的真理），这不同于传统意义的真理。在巴迪欧这里，真理是在“不连贯的多”之中产生出来的，是一种情势的“类性真理”，即情势中溢出的类性的多产生出来的真理，也就是说，真理作为独特的程序的后果在类性程序中产生，这些程序是哲学存在的四个前提，即数元、诗、政治创造和爱所组成的集合，通过这些前提真理得以被证明。可见，巴迪欧重新开启了柏拉图问题，开启了一种未来的新的柏拉图主义的姿态，这体现了一种进步性的延展张力，这里面也体现了巴迪欧的立场，即哲学在今天不会终结，它可以帮助人们获得真理的“类性程序”（generic procedure）。

在巴迪欧事件、真理、主体三位一体的数学本体论的建构中，真理作为三元结构的理论旨归是巴迪欧哲学思想的重要范畴。与后现代主义哲学家不同，巴迪欧对待真理的态度是积极的，他始终将真理问题视作其哲学思想的关键点。在巴迪欧那里，真理不同于具有绝对力量的传统真理，而是一系列真理的集合，即“类性真理”，它不是一种有限的、现成的、一成不变的知识，而是多种情势的真理集合，会出现多样性的面貌。因为情势的存在是“多”，因而真理的存在也是“多”，但是要明确的是，这里面的“多”不是一种给定，它以一种特殊的程序为根源，事件是促使程序运转的核心和关键范畴，因此我们说“类性的多”的真理是事件之后的真理。同时，巴迪欧指出，情势中溢出的东西是一种不连贯性的“多”，这个“多”是“不可判定”和“不可识别”的，因而是任意的，情势的类性部分就是由这个任意的部分构成的，真理在这种溢出中产生。所以，真理作为任意的多元产生于情势的不连贯性之中。也就是说，在巴迪欧看来，哲学的存在是有条件的，数学、艺术、电影、政治学等都是哲学存在的条件，这些条件也对真理形成限制，即真理程序的运作与这些条件构成的集合的情势密切相关。也就是说，想要在某个具体的情势之中获得真理，遭受断裂性的事件的冲击是必不可少的，事件是真理得以存在的前提，事件在与原有情势断裂的基础上否定原有情势去建立一种新的情势，在这一新的情势中真理得以存在，所以说真理是事件的结果。巴迪欧指出：“正是基于这样的真理概念，在类性的多的真理的生产中，可以实现存在、真理、主体三位一体的现代哲学建构。”① 而这一任务的完成依托于数学，通过形式化的数学对纯粹的、无法预测的多的刻画，使得以真理为核心的哲学成为可能，鉴于此，巴迪欧声称：数学就是实际的本体论。

之所以说真理是一种后事件性的产物，原因在于，事件作为真理存在的前提，具有时间上的先在性与逻辑上的前提性。因为在巴迪欧看来，所有人都有获得真理的潜能，但是这种潜能并不是轻而易举就能获得的，只有在断裂性的事件来临的那一刻，真理才向我们凸显出来，任何个体只要亲自体验了事件的发生，就有可能成为言说事件的介入性的主体，进而将真理带入人们的生活当中。其次，或者进一步，巴迪欧还指出在“三元结构”中，真理不仅根源于事件，也是主体性操作的结果。主体化操作为真理的存在创造了

---

① ［法］阿兰·巴迪欧：《哲学宣言》，蓝江译，南京大学出版社2014年版，第81页。

可能，也就是说，真理在事件的断裂中产生，但是由于事件的偶然性，转瞬即逝的特性，需要主体把握事件的轨迹，忠诚于事件，才能实现真理的存在。同时，主体在生产真理的时候不是个体性的，而是一种共同的可能性，这样的真理才能被共同认可，才能忠实于断裂的事件，这样的真理也才具有普遍性。因而，真理的产生也要受主体的影响，真理的出现也需要主体的操作，真理是主体操作的结果。如若缺少主体的存在，我们也将无法把握事件的轨迹，无法反思原有情势的断裂，更无法构想新的情势，作为新情势组成部分的真理也便无从存在。因此说只有通过主体的操作，真理的存在才得以可能，主体实现了事件和真理的连接。最后，巴迪欧还指出，真理是事件和主体的目的，即真理是巴迪欧事件、真理、主体三位一体的本体论哲学的理论旨归。在一个真理遭受普遍怀疑的时代，巴迪欧指出存在着永恒的、普遍的真理，以真理为核心范畴的哲学也是可能的。同时，真理作为巴迪欧哲学的核心范畴，贯穿于巴迪欧哲学思想的始终，统观巴迪欧哲学观我们发现，1988 年《存在与事件》以真理的存在作为其理论的核心问题，探讨类性的多元的思想，2006 年在《世界的逻辑：存在与事件 2》中，巴迪欧仍旧探讨真理问题，但更加注重在世之中的真理，即“真理的表象，巴迪欧通过主体性的身体来对这个问题进行说明”①。可见，真理在巴迪欧思想中占据关键性的地位，从《存在与事件》到 18 年后的《世界的逻辑：存在与事件 2》，展现的是整个巴迪欧思想发展过程中的重要转向，两本著作所探讨的中心问题都是真理，真理问题贯穿其思想发展的始终，在第三章的第三小节中，我会集中探讨真理的呈现问题，这部分不过多地论述。总之，巴迪欧的真理不局限于简单的观念论的框架，而是诉诸绝对真实的事件的基础上，构成了巴

① ［法］阿兰·巴迪欧：《第二哲学宣言》，蓝江译，南京大学出版社 2014 年版，第 34 页。

迪欧的新唯物主义，当人们宣告真理事件的发生，并忠实于事件之后的真理程序的时候，人们的生活也会随之而改变。

在真理问题上，巴迪欧与马克思既有相似之处也有差异之处。在真理的存在方面，两者是一致的，都主张真理是存在的。在哲学陷入终结危机，真理遭受普遍怀疑的时代，巴迪欧旗帜鲜明地指出，真理的存在具有普遍性和必然性，这与马克思在《〈黑格尔法哲学批判〉导言》中指出的，"真理的彼岸世界消失以后，历史的任务就是确立此岸世界的真理"[①] 相一致，与巴迪欧一样，马克思也认为真理是普遍存在的，真理经历了从不完善到完善、不成熟到成熟的发展过程，人们对真理范畴的认识也是步步加深、逐级深化的。就真理产生方面而言，两者又是存在区别的，巴迪欧的真理是后事件性的产物，是一种主观操作的结果，事件断裂引发的各种程序构成了真理，通过类性程序的操作而实现其存在；在马克思那里，真理并不是后事件的产物，而是内涵于事件之中的最本真的存在，马克思称其为"内涵真理"，这是人们不断探索与追寻的存在。在真理的特性方面，巴迪欧真理观的实践性体现其对马克思真理思想的继承，马克思在《关于费尔巴哈的提纲》中指出，人类思维的客观的真理性，不是理论问题，而是实践问题，"人应该在实践中证明自己思维的真理性"[②]。也就是说，实践是检验真理的唯一标准。在《存在与事件》一书中巴迪欧也指出，"真理的轨迹是实践"[③]，这些都体现了巴迪欧对马克思真理检验标准的内在发展逻辑的遵循。总之，真理程序作为"三元结构"的重要组成部分，构成了巴迪欧哲学的理论旨归，是研究巴迪欧哲学观不可逾越的重要一环。

---

① 《马克思恩格斯选集》第 1 卷，人民出版社 2012 年版，第 2 页。

② 《马克思恩格斯选集》第 1 卷，人民出版社 2012 年版，第 134 页。

③ Alain Badiou, *Being and Event*, trans., Oliver Feltham, London. New York: Continuum, 2005, p. 430.

（三）主体理论：介入性操作

主体问题一直是学界关注的热点问题，特别是随着当代社会现代性问题突显，人们陷入资本逻辑统治之中，逐渐成为碎片化的人，人的主体性问题又成为学者们关注的焦点。回顾哲学史我们可以知道，在古希腊，人几乎没有什么主体意识，人们热衷的还是探讨事物的本原，也就是我们所熟知的水本原说、火本原说等；进入中世纪，基督教的产生促使人们的主体地位让位于全知全能的上帝，人服从于上帝的安排与召唤；随着16—18世纪文艺复兴和自然科学的发展，人的主体性开始觉醒，典型的事件就是康德的“哥白尼革命”，这构成了近代哲学认识论转向的标志事件，而这一转变过程也体现了哲学实现的本体论到认识论的转向。之后近现代的各大哲学流派也都不同程度地对主体进行探讨，直至哲学危机的产生，新自由主义思潮再度兴起，革命慢慢消逝在人们的视野，主体问题再度成为人们讨论的焦点，特别是西方激进左翼的代表人物巴迪欧，他经历了起初的不注重主体在无产阶级革命中的作用，到开始思考主体的重要性的发展历程。在一个非革命的时代，在一个资产阶级反动统治巩固和加强的时代，是否还可能继续革命？如果可以，革命是否需要一个主体？他对这一系列问题进行了反思，对于以上问题的思考，激发了巴迪欧对主体问题的兴趣，在此基础上巴迪欧专门撰写了《主体理论》探讨主体问题。《主体理论》可以看作“在一个革命和马克思主义陷入危机的年代，在这种迫切性之下，开展的一种政治书写”[①]。主体在巴迪欧思想中扮演着重要角色，主体范畴奠定了巴迪欧事件哲学的思想基础，为其事件、真

---

① 蓝江：《忠实于事件本身：巴迪欧哲学思想导论》，北京师范大学出版社2018年版，第135页。

理、主体三元结构提供了内在基底，也是巴迪欧共产主义假设思想的核心关注点。在《存在与事件》和《哲学宣言》中，巴迪欧主要是从存在层面探讨主体的，正如《存在与事件》所指出的：“从存在层面看，主体呈现的是忠诚于事件的局部效果以及类性程序的有限性。”① 也就是说，存在层面的主体是连接主体和事件的桥梁，并且伴随着主体以类性真理表达事件，主体也随之而生成，因此说在主体的介入和主体性操作中实现了事件、真理和主体三者的有机统一。因为在巴迪欧看来，“主体既导向事件点的介入，又导向能够发生类性程序的情势”②。主体是连接事件与真理的关键因素，它通过自己的积极行为，将事件和真理缝合在一起。同时我们也看到，主体的产生依赖于事件和真理，而真理作为类性的多又是事件的断裂所揭示的，因此我们要从事件着手去探讨主体产生的条件。

首先，关于主体的产生。巴迪欧指出主体是一种后事件性的产物，其产生的前提条件是事件，主体对事件的忠诚是巴迪欧的“事件”发展的内在逻辑。也就是说，主体以自己的行动来证明自身的存在。在事件哲学一节，我们详细地介绍了事件概念以及事件哲学，了解到事件是原有情势的断裂，确保了类性的多的真理的存在，但是事件的断裂又是偶然的、转瞬即逝的，它只留下轨迹，想要把握真理的存在，前提条件就是对事件轨迹进行把握，这就需要主体的出场，通过主体对事件的忠诚使得真理存在，简言之，必须有人站出来宣布事件的存在，并忠实于事件创造出来的类性真理，这样，主体在事件中生成了，主体在以类性真理的方式表达了事件的同时也生成了自己。详细来看，在巴迪欧的集合论式的本体论

① Alain Badiou, *Being and Event*, trans., Oliver Feltham, London. New York: Continuum, 2005, p. 406.

② Alain Badiou, *Being and Event*, trans., Oliver Feltham, London. New York: Continuum, 2005, p. 393.

中，他谈到主体可以通过对既定情势进行“计数为一”的操作，并具有情势状态的结构。事件由于没有被计数在集合之内，因而打破了先前的情势状态的结构，与原初的情势产生断裂，正是在这一裂缝中，新的主体产生了，它通过自己的主体性操作将真理和情势之间的裂缝缝合起来，伴随这一过程的是真正普遍性的真理的产生。这一内容已经在上两节进行了详细论述，在此不再赘述。也就是说，在巴迪欧那里，事件是主体和真理得以出场的前提，真理和主体在事件出现之前是不存在的，只有在事件产生之后，主体通过介入去把握事件的轨迹才得以出场，进而确保真理的存在，所以说，主体产生的首要前提条件就是忠诚于事件轨迹。事件的产生过程伴随的是主体的不存在到存在，因此说事件带来的是主体从非存在到存在的转变。但我们也要认识到，事件只是为主体的出现提供了一个基本的前提性准备，可谓是事件使主体的实然存在成为可能，那么主体在产生之后它又是如何存在的？巴迪欧指出，主体产生之后的存在依托于另一个要素，即真理。通过真理性主体，人们可以更加深入地理解存在层面上主体在“三元结构”中的重要性。巴迪欧指出，真理是忠实的承担者，在承担真理的过程中，主体是产生于过程之后的存在，是“真理过程诱发了主体”[①]。也就是说，主体在巴迪欧那里是事件性主体和真理性主体的统一体。主体在建构自身的同时实现的是介入和忠实性操作的统一，即“以一种类性程序的模式事件介入到情势中”[②]。总之，主体的出场依托于断裂性的事件和导向性的真理，主体脱离两者将无法存在，因而说主体是事件性主体与真理性主体的统一。

---

① Alain Badiou, *Ethics: An Essay on the Understanding of Evil*, trans., Peter Hallward, London. New York: Verso, 2001, p. 28.

② Alain Badiou, *Being and Event*, trans., Oliver Feltham, London. New York: Continuum, 2005, p. 393.

其次，主体充当着事件和真理的中介的角色，是巴迪欧事件、真理、主体三元结构的内在基底。我们都知道，事件是巴迪欧思想的基点，是其哲学理论的核心范畴，但由于事件的偶然发生和转瞬即逝的特性，致使人们无法把握事件，只能寄希望于它所留下来的痕迹，透过事件轨迹来对其进行分析和阐释。至于我们该如何去把握事件所留下的痕迹，巴迪欧直言需要主体的出场，通过主体的能动的介入和操作，事件所留下的痕迹得以被人们所认识和把握，因此可以说，是主体的出现，避免了断裂性事件的转瞬即逝，主体是事件的主体行为者，缺少主体的出场，人们便无法认识事件的轨迹，更不能透过事件轨迹去反思现实的社会历史生活。同时，主体范畴对真理的产生也有着重要的影响，通过主体的能动性的操作，实现对事件轨迹的把握的同时，也使得主体抓住事件断裂所带来的空的位点，在对此进行反思的基础上建构新的情势，在这之中真理作为新情势的一个组成部分而得以产生。因此，主体作为连接事件和真理的中介，在“三元结构”中发挥重要作用，是事件、真理、主体有机统一的内在基底，缺少主体，“三元结构”也就无法构建。统观巴迪欧哲学的发展历程我们发现，在《主体理论》中，巴迪欧就强调主体的介入去打破既定的秩序，这是一种“破”的过程，到了《存在与事件》，着力点从“破”转向了“立”，主体作为一种程序的架构，支撑着类性真理程序，这也体现了巴迪欧从《主体理论》向《存在与事件》转变的一个线索。在这一转变的整体过程中，主体也经历了到主体化的转变。巴迪欧指出：“主体化过程是一种运算的出现，让主体得以在空的边缘处，即事件位上进行介入性操作，从而让不可辨识之物纳入到情势之中。”[①] 在这个意义上，

---

① 蓝江：《忠实于事件本身：巴迪欧哲学思想导论》，北京师范大学出版社 2018 年版，第 256 页。

我们也可以说，主体化过程就是一种特殊的计数方式和运算过程，为的是达到创造一个“大二集”的目的，至于如何实现对不可辨识之物的辨识，巴迪欧指出通过主体的命名来实现，主体命名的那一刻，我们获得了一个类性程序，一个真理程序。

最后，主体还是巴迪欧共产主义假设思想的核心关注点。上文提到，事件是主体产生的前提性条件，主体根源于事件，但是我们也看到了，事件是偶然的、转瞬即逝的，不是什么样的事情都可以成为事件，事件也是罕见和稀缺的，因此就如事件一样，主体也是稀缺的。正如西蒙·克里奇雷（Simon Critchley）和拉克劳等人所认为的，如果说事件对原初情势的断裂是主体产生的唯一条件，那么在事件发生之前，主体能做的只是静静地等待，并且在事件发生之后便外在于先前的情势状态，那么在先前的情势状态的结构中，并不能准确地预测事件的发生，因此我们事件之间的主体就是惰性的和不可见的，只有在事件发生后，主体积极介入事件之中，主体才成为主体，才能用自己的行动去创造真理，进而让自己走上历史的舞台，才能使自己存在。在《共产主义假设》一书中，巴迪欧清晰地阐述了主体逻辑，主体在事件之前是非存在的，只有当它们通过自己的行为操作介入事件中，主体才开始存在，于是，事件就是“非存在的存在”①。如巴黎公社的革命使得工人阶级从非存在走向存在，他们用自己的行动表明自己存在，自己是主体，尽管这个表达看似有些悖论，但是巴迪欧的辩证法就是要突出这样的效果。正是意识到主体的稀缺，巴迪欧也深知他的共产主义假设也是未知的，他确信存在共产主义假设的第三个序列，但对这一新的序列未做详细具体的规定。巴迪欧在反思当时的时代境遇的基础上提出其共产主义假设思想，随着社会主义革命的失败（东欧剧变和苏联解

① Alain Badiou, L'hypothèse communiste, Lignes, 2009, p. 173.

体）和新自由主义思潮的兴起，革命问题慢慢淡出人们的视野，取而代之的是人们安于资本主义体制的统治现状而为生活而奔走效劳，因此，如何在革命的低潮期探寻革命的可能性主体日渐成为左翼革命者关注的核心问题，这对巴迪欧主体理论的产生有着直接的影响，正因为此，如何建构作为忠诚事件的革命性主体成为巴迪欧共产主义假设理论关注的核心。关于巴迪欧的共产主义假设思想，将会在第三章第二节详细论述，在此不过多论述。

在主体问题上，巴迪欧与马克思既有相似之处也有差异之处。在巴迪欧那里，主体的范畴是不固定的，不看预定身份，人民群众、知识分子等非无产者群体都可以是主体。我们说巴迪欧哲学有着深刻的政治关怀，故他更多谈论的是稀少的政治主体，主体是事件和真理的主体行为者；而马克思的主体则是指特定的无产阶级的革命主体。就主体的产生来源而言，两者是不同的。在巴迪欧这里，他的主体来源于事件，具有偶然性，是一种后事件性的操作，革命的主体在政治运动中生成，也就是说，主体在运动之前不是主体，要看主体在运动中的行动，例如，学生、教师在“五月风暴”中将自己塑造成革命主体。马克思的主体则不同，在马克思那里，无产阶级由于不满于自身的生存状况自发自觉地去反抗压迫，作为革命主体的无产阶级促使革命事件的发生。主体形成于社会历史发展过程中，主体作为一种能动性的存在是促进人类社会发展的动力性因素，主体在推动社会历史发展中起到巨大的作用，因此从主体的产生看两者存在很大差异。但是两者也有相似之处，巴迪欧的从主体的所受规制性即主体必须忠实于事件轨迹来说又延续了马克思的逻辑，在马克思那里，主体的创造是受到社会历史条件的制约和影响，正如马克思所说的：“人们自己创造自己的历史，但是他们并不是随心所欲地创造，并不是在他们自己选定的条件下创造，而是在直接碰到的、既定的，从过去继承下来的条件下创造。"[①] 也就是说，在马克思的视域中，主体的创造活动不是随心所欲的，而是在遵循社会历史条件的基础上进行的，巴迪欧的主体作为后事件性的产物，受到断裂性的事件的制约，这一点遵循的是马克思的思想逻辑。同时，我们也可以将巴迪欧和马克思的主体区分成政治行动主体和革命主体。巴迪欧的主体理论是一种行动理论，他认为革命的主体是在运动中生成的。在革命运动之前，主体是不存在的，对于马克思视域中的无产阶级，巴迪欧认为他们也不都天然的就是合格的革命主体，在这个无产阶级群体中，有着想要摆脱奴役的受压迫者，也有工人贵族和流氓无产者，他们大大削弱了无产阶级的革命力量，因此巴迪欧指出，能够承担革命使命的"非无产者们"也可以是革命主体，当他们对资本主义对人的压制进行反抗并采取相应的斗争时，他们就成了合格的革命主体。对于革命运动中生成的主体，巴迪欧还强调其运动的价值，即主体在生成过程中颠覆了资本主义的原有的框架，撕裂了资本主义的平滑外表，正是在断裂处，主体才作为主体而出现。对于巴迪欧来说，对马克思的思想最彻底的坚持就是让马克思在行动中去生成，打破其既定的、原有的形式，让马克思主义的新芽在真正的革命运动中生成，保卫并践行马克思，可以说，在资本主义新时代，巴迪欧探索出忠于革命实践活动的主体理论，践行马克思主义的革命理论的同时，也是对传统的马克思主义的新时代境遇下的发展。正是在这个意义上，人们把巴迪欧看作一个不断生成和涅槃的"后马克思主义者"，至于如何在当代实现马克思主义，在巴迪欧看来，只有政治的和革命的主体，才能将马克思主义的旗帜传扬下去。

综上，通过对事件哲学、真理程序和主体理论的分别探讨，我们既了解了每一重要范畴的深刻内涵，又明确了巴迪欧对三者内在

---

① 《马克思恩格斯选集》第1卷，人民出版社2012年版，第669页。

统一的三元结构的哲学本体论的建构。事件作为对原初情势状态的断裂，揭示了在当代资本主义现有情势中革命的可能性；真理作为类性的多元具有普遍必然性，为人们对于传统的回归创造了条件；主体作为忠诚于事件的局部效果，为实现共产主义假设新序列提供了能动的主体支撑。在三元结构中，事件是真理和主体的前提，真理是事件和主体的目的，主体是事件和真理的中介。事件作为巴迪欧哲学思想的起点和核心范畴，具有转瞬即逝的特性，使得人们只有依靠主体才能认识和把握事件；同时，主体又是被真理诱发而出场的，因而主体是真理性的主体，通过主体性的操作，真理实现其存在；总之，正是通过主体，事件与真理才得以联系起来。可见，在巴迪欧的事件哲学思想中，事件、真理与主体三者是内在统一、相互影响的。当然这部分主要是从存在层面探讨事件、真理、主体三元结构，主要依托的文本是《哲学宣言》。在三元结构中，巴迪欧将事件界定为对情势的断裂，将主体和真理看作事件的后果，作为一种后事件的产物，真理不同于确定无疑的知识，只有参与到对事件的忠诚的活动中，真理的确定性才能确定下来。总之，"为了使真理产生，就需要不可计数的事件；为了使主体得以产生，主体必须被安置在类性情势中"①。可见"三元结构"在巴迪欧的本体论哲学中实现了统一。同时，巴迪欧还将康德"三大批判"嫁接到自己的哲学当中，指出："如果借用康德的话来说，多元的数学和世界的逻辑是我们的两大'批判'，那么第三批判是由事件、真理、主体的理论构成的。"② 由此可见，事件、真理、主体在巴迪欧哲学乃至整个思想中占据举足轻重的地位。

---

① Alain Badiou, *Theoretical Writings*, trans., Ray Brassier and Alberto Toscano, London. New-York: Continuum, 2004, p. xiv.

② ［法］阿兰·巴迪欧：《第二哲学宣言》，蓝江译，南京大学出版社 2014 年版，第 84 页。

第 三 章

哲学要更进一步[①]

在本书第二章，笔者论述了巴迪欧是如何实现对哲学的拯救和重构，进而捍卫哲学的合法性的：通过哲学与诸前提的解缝，实现哲学向其自身的回归，以数学式的思维方式创造性地构建了事件、真理、主体三位一体的本体论哲学，重新确定哲学在原初意义上的可能性。在第三章，我们还要进一步指出，面对当今哲学的发展状况，巴迪欧要做的不仅仅局限于停留在对哲学的拯救和重构，而是要进行新哲学的建构，因此他还提倡哲学要更进一步。为了修复哲学受到的科学主义和道德的重创，巴迪欧主张重归社会历史现实，立足于具体的事实，让真理以某种具体身体的方式在这个世界呈现自身，重构革命的永恒真理，使真理从存在走向实存。至于如何更进一步，巴迪欧主张哲学要有所介入，有所行动，以一种共产主义的姿态，构建事件的轨迹、真理性身体、主体化三者有机统一的在世的新哲学，实现了哲学的“非在”到实存。这一部分的文本支撑主要是《第二哲学宣言》，巴迪欧在这里所要做的工作不仅仅局限于解构“哲学终结论”，更多的是重构性的工作，即在世界之中重新审视自己的理论，重新找到通向他理论大厦的道路，这也体现了

① ［法］阿兰·巴迪欧：《第二哲学宣言》，蓝江译，南京大学出版社2014年版，第96—97页。

巴迪欧哲学的内在逻辑的推进，代表了当代哲学的一种建设性转向。

众所周知，《存在与事件》和《哲学宣言》是使巴迪欧在学术界声名鹊起的两本代表性著作，与之对应的是2006年之后巴迪欧先后出版的《世界的逻辑：存在与事件2》和《第二哲学宣言》，这两部著作代表着巴迪欧思想的新转向。面对当下哲学的发展现状，巴迪欧不再仅仅局限于通过建构数学本体论去拯救哲学，而是从现实世界的具体实际出发，立足于人们所面对的真实生活，重新审视自己的理论，将自己的理论侧重点转向如何改变生活，《世界的逻辑：存在与事件2》和《第二哲学宣言》就是为此所做出的努力。在此，我们既肯定巴迪欧的数学本体论为我们对存在的理解提供了全新的解读思路，与此同时，我们也看到了《世界的逻辑：存在与事件2》所体现出的从存在（理想主义）到世界的逻辑（现实主义）的转变。这里要强调的是，从《存在与事件》到《世界的逻辑：存在与事件2》巴迪欧并没有完全摒弃数学本体论，而是在一定程度上实现了对数学本体论的更新，《存在与事件》建构的数学本体论以"存在—事件"的二元关系为核心，巴迪欧在《世界的逻辑：存在与事件2》中引入了世界概念，将其融入二元关系中，形成"存在—世界—事件"的三位一体的结构，在这里，巴迪欧不再局限于抽象的数学表达方式，时下人们普遍认为其数学本体论所采用的纯粹的数学式的解释方法在很大程度上并不能很好地解决现实问题，巴迪欧正视了这一点，主张采用更活跃的方式，让数学的形式化的表达降临到实存论层面，即将世界的逻辑在存在和事件的逻辑关系中表达出来。这在《世界的逻辑：存在与事件2》的导言中有所体现，可以说此书就是从实存论的角度来展现在《存在与事件》中所涉及的形式化的体系。同时，受黑格尔影响，巴迪欧将自己的《存在与事件》和《世界的逻辑：存在与事件2》的关系与黑格尔的《逻辑学》和《精神现象学》的关系等同起来，指出："《世界的逻辑》对应《精神现象学》，《存在与事件》对应《逻辑学》，尽管它和黑格尔在创造的年代顺序上是相反的，《世界的逻辑：存在与事件 2》不再局限于数学的形式上的推理分析，而是集中于理解在那儿（être 1）这一参量，对真和主体形象进行具体化的研究。"① 由此我们看到，巴迪欧由起初对数学的观照转向现在的对"在世之物"的理解和关注，巴迪欧此前集中于从纯粹的数学逻辑推理出发去建构事件、真理、主体的三元结构，现在则是立足于具体的生活世界，探讨真理和主体如何以一种具体的方式降临在世间。在《第二哲学宣言》的"提纲"中，巴迪欧清晰地描述了这一转向，指出："我们的问题是哲学在今天的实存（l'existence）的问题，而不是哲学外在于时间的本质。…… 实存是一个在既定世界中表象的范畴，而不是超历史的存在（l'être）问题。"② 也就是说，在巴迪欧那里，《存在与事件》集中探讨的是真理的存在问题，《世界的逻辑：存在与事件 2》面对的是真理的实存问题，即真理以何种方式在世界之中被表象出来。这样，真理不再是外在于时间的存在，而是一种此时此地的、面向此世对象的现实性的展开。因此说，这是巴迪欧的一次明确的内在逻辑理路的推进。

从巴迪欧的思想渊源以及他所处的时代背景，我们了解到，巴迪欧不仅仅局限于挥舞笔杆子进行理论批判，他更主张投入具体的革命实践中去充实自己的理论。因此，我们不应仅仅局限于从纯粹的文本层面来解读巴迪欧的理论思想，更要将其思想融入他的具体的革命和斗争实践中去。上文我们得知，巴迪欧是"五月风暴"的

---

① Alain Badiou, *Logique des mondes*: *L'être et l'événement* 2, Le Seuil, 2006, p. 16.

② ［法］阿兰·巴迪欧：《第二哲学宣言》，蓝江译，南京大学出版社 2014 年版，第 5 页。

亲身参与者，是激进左翼革命的狂热分子，一直以来，巴迪欧在左翼的革命斗争实践上表现得极为活跃，现今84岁高龄的巴迪欧，仍然笔耕不辍，不断地阐发其理论思想，在对资本主义进行批判反思的基础上进行其理论书写。2007年，巴迪欧出版了《萨科齐的意义》一书，对新当选的法国总统萨科齐进行一番奚落，称萨科齐的政策是一种“新贝当主义”[①]，这体现在他的哲学理论上便是提出“哲学要更进一步”，这是巴迪欧实现哲学转向的主要关注点所在，也是笔者第三章所要阐述的主要内容。至于哲学要如何更进一步，巴迪欧主张回归现实世界，在具体的现实世界中重新审视自己的理论，进而重新探寻出通向他的理论大厦的道路。“《世界的逻辑：存在与事件2》和《第二哲学宣言》立足于具体的现实实际，使真理以某种具体身体的方式呈现在世界之中，这种呈现不受时空的限制，是一种具有普遍性的跨越时空的呈现。”[②] 因为存在和真理不能直接在这个世界之中显现，必须借助于具体的身体来呈现自身，它们必须要借助某种具体的身体来让自己在此世中呈现出来，所以我们日常所说的存在和真理，并不是直接感知到的存在和真理本身，而是他们的实存样态，类似于海德格尔的此在。鉴于此，巴迪欧将关注点转移到真理的实存方面，这就需要重新建构自己的概念体系，即不再局限于纯粹的数学的形式化的逻辑，而是采取更加具体的方式去呈现真理。这里，在世的个体之眼取代了本体论的上帝之眼，因此，巴迪欧主张从在世之人的视角去看待问题，正是在这样的理念的指导下，巴迪欧构建了自己事件的轨迹、真理性身体、主体化三者有机统一的在世的新哲学。

---

① 贝当是第二次世界大战时期法国战败之后维希傀儡政权的元首，可以参见 Alain Badiou, *De quoi Sarkozy est-il le nom*, Paris: Lignes, 2007.

② ［法］阿兰·巴迪欧：《第二哲学宣言》，蓝江译，南京大学出版社2014年版，第9页。

一 重构革命的永恒真理

巴迪欧在拯救哲学之后，主张哲学还应更进一步，巴迪欧此时的立场不再是解构各种哲学终结论，而是在此基础上，重构革命的永恒真理。在《第二哲学宣言》中巴迪欧指出，今天，存在、主体、真理“三联体”被“意见”所蒙蔽，受到了科学主义、道德主义的重创，哲学被法律、道德、伦理等束缚和绑架，面对哲学所处的境遇，巴迪欧主张重建永恒的、在世的革命性的真理，以一种共产主义的姿态，构建主体化的身体，用“观念”架起个体和真理主体连接的桥梁，让某物在世界之中的真理展开，所以《第二哲学宣言》致力于革命性的永恒，反对西方教条主义，也只有这样，《哲学宣言》的反“哲学终结论”的斗争才能继续进行下去。为此，巴迪欧在《世界的逻辑：存在与事件2》中的主要问题不再是探寻无限的类性真理，而是主体如何在我们这个现象世界上创造一个主体化的身体去实现真理程序。

（一）人为哲学：“矫揉造作”的实存

上文提到，任何哲学理论都是对所处时代的社会现状的反思与总结，从巴迪欧哲学观的时代背景我们也可以看到，实质上法国社会也经历了革命性的动乱到革命渐渐淡出人们的视野的发展历程，而现今“如何过较好的生活”成为人们日益关注的焦点问题，突出表现为人们对日常生活境遇的强烈关怀。统观法国社会的现状，我们发现法国的思维方式也日益经历了从解构到建构的发展历程，哲学家们也越来越关注生活中的那些生动的细节与现实的变化。蓝江老师指出了这种变化的原因，那就是存在主义哲学在法国的兴起，促使法国哲学更多地开始关注现实。对于萨特、梅洛－庞蒂等法国存在主义大家来讲，所谓存在是人们面对世俗世界时候所持有的一种态度。例如两次世界大战的爆发给人类带来巨大的灾难和痛苦，面对这样的世界，我们首先想到的不是去发现一种绝对的观念引导人们改变世界，而是真实地面对我们所遭遇的惨烈，思考如何去改变我们的生活境遇。面对纷繁复杂、变化多端的生活世界，法国人眼中的哲学也变了，成为一种矫揉造作的人为的哲学。“人为哲学”的首要表现就是混淆了真理和意见的实质区分。巴迪欧指出在当今的法国，人们崇拜的是意见拜物教，主流的态度是认为公共意见的决策必须为公共行为提供导向，因为在他们看来，意见代表了一种自由，公共意见就是天理，他们坚决反对原则，认为原则在提出的同时就已经过时了。哲学家对此当然持反对的态度，也指出了没有原则也就无法区分意见与真实的东西的事实，但是少数哲学家的反对态度对于主流公众态度的力量是微乎其微的，真理仍被意见蒙蔽，哲学仍旧是人为的哲学。

同时，随着时下社会的现状发生了转变，“人为哲学”的又一表现就是哲学被计数、经济、法律、道德等绑架，哲学与伦理、道德评价相关的超验性变化造成了当今时代局面的混乱。就哲学的四个前提来说，《第二哲学宣言》仍保持四个前提体系，但对其说明上更加模糊起来，技术、文化、管理和性已经取代了科学、艺术、政治和爱的位置。巴迪欧指出：“对于哲学的四个前提，科学日渐被还原为一种被市场化了的计数；艺术被一种羸弱的‘交往’和所谓的标准的文化相对主义所消解；政治在民主名义下被还原为一般意义上的经济和管理的交叉，而它只需要往其中投入一定量的警察和监控就行；至于爱，它在一种契约概念下的家庭和性解放概念之间徘徊。”① 也就是说，技术、文化、管理和性对科学、艺术、政治

① ［法］阿兰·巴迪欧：《第二哲学宣言》，蓝江译，南京大学出版社 2014 年版，第 147 页。

和爱的位置的取代致使哲学被人为地绑架，对哲学的实存产生巨大的威胁。因此，在《第二哲学宣言》的导论中，巴迪欧分析了两个"宣言"所处的不同的时代状况。《哲学宣言》所处的时代还是伟大的哲学时代，这从萨特、德勒兹、福柯等大家的哲学思想或是事迹就足以体现，伟大的哲学家铸就了伟大的哲学时代；而《第二哲学宣言》并非如此，在《第二哲学宣言》中，巴迪欧更多地观照现实，反思历史，在巴迪欧看来，时下人们要么在大写的伦理、大写的民主乃至大写的虔诚的蒙蔽和激励下追名逐利，要么在没有未来的刺激下走向虚无主义，哲学的伟大时代的承袭者寥寥无几。就法国而言，萨科齐的选举令人震惊，这一举措代表着近二十年来法国知识分子的衰落。巴迪欧论述了当今时代所面临的现状："在萨科齐政府的国家权力中；在美国及其仆从们的军事打击的野蛮的全球化形式中；在无穷无尽的控制的政策，流氓的法律，系统化的野蛮中……想要变得不卑躬屈膝会更难。总会有某种东西维持着这个时代的主要品质。"① 从这段话中我们可以看到，巴迪欧十分形象地描述了当今的社会现状，我们看了也不禁毛骨悚然，在他看来，之所以造成当今时代混乱不堪的局面，根本上是因为现时代的哲学更多地表现为一种"人为哲学"，体现为是一种矫揉造作的实存，真理被意见蒙蔽，哲学被道德绑架，成为呼唤伦理、法律和责任的工具，正是哲学与伦理、道德评价相关的超验性变化引起了当今时代混乱的局面。哲学作为思想没有直接的暴力，只不过其被现实利用，这和哲学本身并无关联。人为哲学就是哲学被利用的典型代表。哲学充当了暴力的力量和工具，造成当今时代的混乱。也就是说，哲学与保守的道德的连接致使自己被某种空洞的过度的实存所

① ［法］阿兰·巴迪欧：《第二哲学宣言》，蓝江译，南京大学出版社2014年版，第33—34页。

贱卖，所以，哲学今天面临的问题不再是通过与其前提的解缝来重新确保自己的存在，而是将自己的本质设定为对这个世界的表象的展现（实存），至于哲学如何实存，巴迪欧指出：“唯有当哲学逃脱了一切道德和法律的那种非在状态，哲学才能在这个世界表象出来，这需要哲学有一个最大值的实存，即一个阐明了普遍真理行动的实存，使哲学超越法律和道德的判断。”[①] 也就是说，要让哲学摆脱道德的束缚，在世界中表象出来，通过普遍的真理行动使哲学的实存成为可能。这需要一种勇气，即确信观念的肯定性力量，即便是要经历“苏格拉底之死”，也要保有坚定的信念。

（二）真理浮现：真理的表象

上文我们提到，从《存在与事件》和《哲学宣言》到《世界的逻辑：存在与事件 2》和《第二哲学宣言》，巴迪欧实现了其数学本体论到在世的新哲学的内在逻辑理路的推进，从关注真理的存在到真理的实存，而今真理的实存（浮现）是转向后的巴迪欧关注的重点问题。统观当今哲学的发展现状，在今天，存在、主体和真理“三联体”受到了科学主义、道德主义的重创，如何摆脱科学及道德的绑架，重构革命性的主体身体，成了巴迪欧思想的重心，他始终坚信并不是一切固有的东西都烟消云散了，存在着永恒的真理，真理仍旧具有普适性和普遍性，所以巴迪欧在他的《第二哲学宣言》中致力于构建革命性的永恒的真理。至于如何阐述具体世界和形式真理之间的关系，蓝江教授在《在世之中的真理的身体——阿兰·巴迪欧的现象学转向》一文中作出了详细的阐述，他区分了两种路径：即“从天国降临到人间”和“从人间上升到天国”。在

---

① ［法］阿兰·巴迪欧:《第二哲学宣言》，蓝江译，南京大学出版社 2014 年版，第 100 页。

他看来，黑格尔的路径是“从天国降临到人间”，不同于黑格尔，巴迪欧选择的是“从人间上升到天国”的路径，这就避免其理论成为一种“披着唯物主义外衣的神学”[①]。而巴迪欧的《世界的逻辑：存在与事件2》和《第二哲学宣言》多次使用“serelever”（上升，浮现）一词，表达的正是“从人间上升到天国”的路径。为了修复哲学受到的科学主义和道德的重创，巴迪欧主张回归现实世界，从具体的事实出发，让真理以某种具体身体的方式在这个世界上“浮现”，也就是说，表象的现象学是通过浮现而使作为真理的身体去展开的。对于浮现，巴迪欧指出浮现并不总是此时此地的浮现，而是跨越时空的，浮现也不是特殊的对象的浮现，而是普遍性的对象的永恒的浮现，这样真理也才能永恒。可见，巴迪欧深刻地认识到，世界之中的存在和真理并不直接地显现自身，而是借助某种具体的身体来使自己在此世中呈现出来，因此我们在世之中体验到的并不是真理和存在本身，而是它们的实存样态，这类似于海德格尔的此在，因此，真理需要依托于具体的真理使自己呈现出来，这也体现了真理由存在向实存的转变。之所以会出现这样的转变，那是因为随着时局的转变，巴迪欧意识到，事件之间的主体是惰性的，主体只是静静地等待事件的发生，它之前的许诺的有效性仅仅局限在纯粹数学的层面，面对真实生活在这个世界上的活生生的人，主体和真理是无法降临的。巴迪欧正视这样的质疑和批评，主张将自己的理论放到现实中去考察，在世界中重新找到通向他理论大厦的道路，即通过主体化身体的建构，秉持着大写的观念，以一种共产主义的姿态，重构革命性的永恒真理。其核心范畴是主体化的身体，至于真理怎样以主体化的身体在这个世界中表象，我将在本章

① 蓝江：《在世之中的真理的身体——阿兰·巴迪欧的现象学转向》，《哲学动态》2011年第11期。

的第三部分进行详细的论述。

至于真理如何浮现?真理如何被表象,在《第二哲学宣言》中,巴迪欧首先对真理和意见进行了区分。巴迪欧从柏拉图的《理想国》入手,分析了真理和意见的区别,在柏拉图看来,由于诗人在大众中传播的是一种有限性的意见,不是绝对的、无限的真理,因此主张将诗人逐出城邦,让真理取而代之。不同于柏拉图时期的意见绝对地服从于真理,在当今法国社会,曾经凌驾于意见之上的真理已经被以意见自由和言论自由的名义拉下了神龛,真理作为绝对正确性的时代已经不复存在,现在更多的是意见的讨论结果,意见远远凌驾于真理之上,公众的意见就是天理,庸俗的意见错误地引导着人们的生活,致使真理被淹没。没有所谓的原则,没有所谓的真理,只有身体和语言。这是巴迪欧所强烈反对的。巴迪欧指出,真理与日常生活中的意见和知识不同,日常的意见由于法律、道德等因素的束缚成为脱离生活的虚构的框架,成为一种冗余的"计数为一"规则所缔造的情势状态,而真理只能是在既有的知识上打洞。巴迪欧采用科学、艺术、政治和爱使某物获得某种超世界的普遍性价值,并将其命名为真理,进一步指出,真理是实存的,"除了真理存在之外,只存在身体和语言"①。真理不可以被还原为意见,因为两者不在一个世界中,真理所处的是悬搁了其特殊性的世界中,一旦从真理的观点来看,世界的统一性就得到了确定。因为此时的真理将意见统一起来,穿透了语言和身体的不同的构成形式,不同的形式融为一体,在大范围的变迁和世界的融合中,大写的一获得了巨大的统一体。巴迪欧主张:"将被排斥在外的真理提升起来,看成是从思想角度上的大范围的变迁,意见是有限的,其自由通常只能围绕着这个世界的法则反复地上下摇摆,唯有真理,

① [法]阿兰·巴迪欧:《第二哲学宣言》,蓝江译,南京大学出版社2014年版,第53页。

才能敞开这个世界，走向那个超世界的大写的一。”[①] 这样，巴迪欧恢复了真理的绝对权威，即真理作为这个世界的法则的例外而存在，也就是说，真理是一种不能被“计数为一”规则所把握的不连贯的多。接下来，巴迪欧在《第二哲学宣言》中探讨了真理的表象，也就是真理如何在既定世界中作为身体而实存。所谓表象，巴迪欧以一棵树为例进行了说明，假如我们面前有一棵树，我们首先在大脑中抽象出它的有效显现（它的环境，其地平，还有其他树，以及附近的草坪等），对其有大致的印象，随后，大脑通过整合树木的相关信息，确定我们看到的是一棵树（包括绿的颜色、树干的延伸、光影在树叶间的交错等），最后，诸多复杂性的无限的多元构成了这棵树，通过对诸多多元的编制，树成其为树，这显然是数学上规定的树的存在形式，这是 20 年前巴迪欧的想法，即“存在是一个从空中抽离出来的多元，唯有数学才是存在之为存在的思想，只有数学才能实于本体论”[②]。20 年后，巴迪欧的思想发生了转变。仍旧以这棵树为例，在树的纯存在（即一种多元）的层面上，树不同于草坪、红色的瓦房等那些与它相邻的东西，但是单就这棵树而言，它伫立于风中，观察其自身（枝叶）整体来看，它又有着明显的不同，在其伫立于世界，对于其间所有的多元而言，是一个将其同其他多元连接起来的差异和统一的一般系统，而这种合理化的关系在理论上被称为“逻辑”，因此巴迪欧指出：“问题在于有着某种完全不同的东西，即在表象中，存在构成了那个世界的一个元素……表象只是作为逻辑而构成的。”[③] 也就是说，表象就是一种逻辑，在说某种东西的表象，就等于说它在逻辑中构成。真理的表象也是在这种逻辑的形式中完成，真理是永恒的，它不委身于

① ［法］阿兰・巴迪欧：《第二哲学宣言》，蓝江译，南京大学出版社 2014 年版，第 55 页。
② ［法］阿兰・巴迪欧：《第二哲学宣言》，蓝江译，南京大学出版社 2014 年版，第 61 页。
③ ［法］阿兰・巴迪欧：《第二哲学宣言》，蓝江译，南京大学出版社 2014 年版，第 62 页。

某个特殊的时代，永恒真理与特殊的表象兼容，必须从理性上不超过在事件中的永恒性的表象来思考，也就是巴迪欧所强调的："真理，在其表象层面上，是一种进入到同其他无限身体的差异化关系之中的独特身体，并按照逻辑关系和逻辑规则组织起来。真理的过程，即其在一个世界中的表象必然要采用路基合体的形式。"①

综上，真理通过被表象实现了自身向现实性的转变，赋予自身以深刻的物质的和实践的基础，这一转变是现实世界的一种正面改变，体现为由未知向已知的探索。马克思、恩格斯曾指出："对实践的唯物主义者即共产主义者来说，全部问题都在于使现存世界革命化，实际地反对并改变现存事物。"② 由此可见，在改变现存事物方面，体现了巴迪欧对马克思的继承，同时，真理主体通过践行实践哲学的主旨，使得巴迪欧的辩证唯物主义的内涵更加丰富。巴迪欧还进一步指出，真理是独特的和非重复的，在思维与存在的关系上体现为非静止的，处于上升的状态。因此也可以说，巴迪欧的真理事件哲学具有一定的原创性。

（三）阶点理论：实存的取值

至于如何实现真理的实存，重构革命的永恒真理，巴迪欧在《第二哲学宣言》中进行了一次典型的理论创新，即引入了"阶点理论"，通过"阶点理论"和"同一性函数"来说明这个问题。巴迪欧借鉴了胡塞尔的"阶点理论"，即认为杂多可以聚集为同一，与此同时存在浮现出来，通过心理上的反思，得出一种共有关系，以此来说明实存的强度。他以大路两侧的梧桐树为例，任意两棵梧桐树都是有差别的，车上的司机与躺在两棵梧桐树之间的人看它是

---

① ［法］阿兰·巴迪欧：《第二哲学宣言》，蓝江译，南京大学出版社 2014 年版，第 64 页。

② 《马克思恩格斯选集》第 1 卷，人民出版社 2012 年版，第 155 页。

不同的，假设存在两棵不同的梧桐树 A 与 B，对于司机而言，A 与 B 是等同的，没有任何差别。但在一个躺在梧桐树之间的人看来，A 和 B 是有差别的，不能将两者等同起来。用巴迪欧的数学集合论进行说明我们看到，作为一个集合中的任意两个元素 A 与 B，人们可以通过某种方式将两者视为同一，得到一个点，即阶点，按照巴迪欧的定义，"所谓阶点就是将两个点视作同一的点"①。阶点是一种结构，即以何种方式看待该多之下的元素结构。阶点也体现为一种函数变化——同一性的阶点函数 f（p），这个阶点的函数有最大值和最小值。在司机那里，A 与 B 是一样的，这时的阶点的同一性函数 f（p）呈现最大值；相反，对于那个躺在两棵树之间的人而言，A 与 B 则是完全不同的，此时阶点的同一性函数 f（p）取最小值 0，也就是说，在巴迪欧看来，存在一点 n 使同一性函数 f（n）=0。巴迪欧认为存在一个"超验点"，即说集合 A 中所有元素，存在一个阶点 P，在阶点函数 f（p），对所有函数取最大值，阶点 P 是集合 A 的"超验点"，这类似于情绪状态；集合 A 中所有元素被整合到同一关系中，集合 A 获得一种结构，即具有了某种可以让自己呈现出来的方式，类似于情势状态结构。也就是说，正是依托于阶点 P，使得集合 A 让自己表象出来，成了这个世界的对象。

关于实存的取值情况，巴迪欧指出，f（p）会在最大值或最小值区间内取不同的值，即具有不同的"实存强度"，他说："我们如何去界定在表象或者在那的超验性框架的实存？我可以立即给出答案：当我们将之应用到某一元素与同一个元素之间的关系时，实存是同一性函数的恰当的名字。也就是说，实存是某物相对于自身的同一性的尺度。"② 这就和实存的形式有关，他讨论了两种特殊的情

① ［法］阿兰·巴迪欧：《第二哲学宣言》，蓝江译，南京大学出版社 2014 年版，第 12 页。

② ［法］阿兰·巴迪欧：《第二哲学宣言》，蓝江译，南京大学出版社 2014 年版，第 89—90 页。

况，即实存取最大值和最小值时的情况。当实存取最大值时，在任何情况下，该实存都与自身保持同一，它是一个超历史的、无时间性的实存，它不依赖于具体的心理结构和历史态度，它的表象方式是不变的，这样一些对象，它们本身就是真理的表象，并在所有世界中的实存都保持了一种恒常性，也就是说巴迪欧所说的存在着永恒的真理；当实存取最小值时，意味着该对象在世界上并不实存(不是不存在)，只不过是相对于这个世界的超验点而言，它无法通过自身在这个世界之中表象出来，也就是说，某物它存在，但在世界中不实存，巴迪欧将这个不能在世界中实存的某物命名为“非在”，那么如何从具体化的方面理解“非在”的存在？巴迪欧借助于朗西埃，认为“非在”就是被具体的可感物所排斥的东西，这个东西外在于存在结构，不能实现自身的自我同一。也就是说，“非在”是在对象的对象化过程中被排斥为背景的东西，同一性函数也就体现为差异性的排斥的过程。例如巴迪欧《共产主义假设》一书中的例子，无产阶级在政治上是非在的，他们实实在在地存在于世界中，但对于国家、政治来说，无产阶级不在其中被表象，故他们并不实存，只是“非在”，工人阶级的革命的爆发致使其登上历史舞台，使其被表象，进而得以实存，也就是说，非在的实存依托于一个突发性的事件，事件通过与原初情势的断裂超越了旧有的情势结构，使得原先无法在这个结构中表象出来的“非在”得以在世界中被表象，正如《国际歌》中那句著名的“我们一无所有，但我们拥有全世界!”① 所表达的真意。这是一场真正的超验性的变革，通过对全部实存进行重新分配，使得未被表象的多元的“非在”实现其自身的变革。同时，既然哲学在世界中表象为“非在”，那哲学如何实存呢？在巴迪欧看来，唯有当哲学跳出了一切道德和法律

---

① ［法］阿兰·巴迪欧:《第二哲学宣言》，蓝江译，南京大学出版社2014年版，第19页。

中的那种“非在”的状态，哲学才能真正地在世界中被表象出来，这需要哲学有一个最大值的实存，即一个阐明了普遍真理行动的实存，使哲学超越法律和道德的判断。至于真理如何显现在人间？巴迪欧指出，在世的真理并不直接显现，而是通过真理的身体的建构再现自身。因此，主体的任务也明确了，即主体通过遵循事件的轨迹（原始陈述）去重塑一个真理的身体，即一个主体化的身体，至于如何通过主体化的身体使真理在世间实存，我们将在第三节在世的新哲学部分详细论述。

二　共产主义观念

上文提到，在《存在与事件》与《哲学宣言》时期，巴迪欧所秉持的是一种柏拉图主义的姿态，即用数学本体论反对求取诗性特征的语言学和修辞学，在古典形而上学的帮助下，相信绝对普遍的真理的存在，用其反对哲学终结论和超越论；但随着时下社会的现状发生了转变，巴迪欧指出现今哲学被计数、经济、法律、道德等绑架，哲学表现为一种“人为的哲学”，一种“矫揉造作的实存”，哲学与伦理、道德评价相关的超验性变化造成了当今时代局面的混乱。正是在这样的情况下，巴迪欧在“柏拉图主义姿态”的基础上提出共产主义观念或者说是共产主义假设，共产主义观念或者共产主义假设表达的是一个意思，只不过是称呼不同，本书统一称之为共产主义观念。对于巴迪欧的共产主义理论，国内有三种解读方式：一是将其解读为一种被视为是首要的东西的观念；二是将其解读为一种进行政治模式创新的政治行动；三是从革命、主体和社会主义等方面的评价出发指出其理论的激进性。笔者认为以上对巴迪欧共产主义理论的解读都是有道理的，但就本书而言，笔者主张在巴迪欧那里，共产主义是作为对“柏拉图主义姿态”进一步深化的“共产主义观念”而存在的。这里需要强调的是,《世界的逻辑:存在与事件2》和《第二哲学宣言》的基础仍然是“柏拉图主义”,只不过社会现实的改变引发了巴迪欧的另一番思考,在此基础上巴迪欧加入了两个问题来捍卫其柏拉图主义的立场:一是系统的批评民主,从哲学根本上怀疑那种支持民主的宣传;二是引入大写的“观念”,支持带有大写记号的本真的生命,即无限的人的联合。《第二哲学宣言》强化了柏拉图主义的姿态,是柏拉图式的唯物主义化,是一种观念的共产主义。对于共产主义观念,巴迪欧主张,虽然现在我们不知道这个“一”(共产主义观念)是什么,但是人们要去追求,否则人类将失去希望,共产主义观念虽然暂时不能证明,但必须设定它是存在的,这是类似于信仰的东西。那么为什么巴迪欧要在“柏拉图主义姿态”的基础上提出共产主义观念呢?共产主义观念有着怎样深刻的内涵?其实质又是什么?这是本部分重点阐述的内容。

(一)提出:针对苏联模式及一系列全球性危机

共产主义是大家最为熟知的一个词语,深入考察其发展历程我们看到,共产主义从 1848 年提出至今,已经走过了 170 多个年头,马克思和恩格斯深入资本主义的社会现实,反思工人阶级的生活现状,提出通过扬弃私有财产和异化劳动,以实现共产主义的无限人的联合的理想以及人类解放的终极目标。这样,马克思和恩格斯以“一个幽灵,共产主义的幽灵,在欧洲游荡”的隐喻,开启了欧洲共产主义运动的篇章。在漫长的岁月里,共产主义经历了曲折的发展历程,有过辉煌也经历过低潮。现如今,共产主义仍然作为一个幽灵在欧洲游荡,随着全球化的到来,共产主义的影响也越来越广泛而深入,一些哲学大家如德里达、齐泽克等在他们的著作中都有对共产主义的论述,当然,最具代表性的还要数巴迪欧的共产主义观念思想。可见共产主义对现当代社会的发展仍发挥着重要的作用，有着不可忽视的影响。共产主义的伟大理想、共产主义社会、共产主义运动也成为当今学术研究所关注的热点话题。而共产主义观念则是20世纪初兴起的热门词，从其提出的时代背景看，随着资本全球化的发展和新自由主义思潮的泛滥，当今世界产生了一系列的问题和危机。如东欧剧变、“9·11”事件和全球性的金融危机等，伴随着这一系列政治骚乱、恐怖主义和经济危机的发生，对全球化浪潮以及新自由主义思潮形成巨大的冲击。在这种情况下，如何超越自由主义的、社会主义的现存社会秩序，从而为人类赢得一个可期待的未来，成为众多思想家所面对的一个重大的时代课题。在法国激进左派那里，面对这一系列全球性的危机，他们主张反对资本主义的经济体系和制度安排，拒绝既存的社会主义理论和实践，反对国家政治或自觉与其拉开距离，要求重回共产主义。届时以伦敦大会（2009）、柏林会议（2010）、纽约会议（2011）、首尔会议（2013）为标志，“回归共产主义”的热潮在西方左翼思想界兴起，伴随着“回归共产主义”的集结号的吹响，共产主义观念逐渐深入人们的视野，成为现今西方激进左派最重要的发展动向。但是我们也要看到，这里所说的共产主义观念与传统经典的、主流的马克思主义视域中的共产主义是不同的，21世纪的共产主义思潮探寻的是超越资本主义民主框架去建立新的共产主义形式，这就涉及共产主义以何种形式实现的问题。实际上，在欧洲对于如何建立共产主义的新形式存在多种方案，总体来说，均坚持肯定共产主义降临的必然性，尽管目前我们无法了解其最终降临的共产主义的具体内容和形式。对于21世纪资本主义而言，我们的确需要一个新的概念来重新思考它的最新变化，我们需要一种新的共产主义版本，一方面立足于《共产党宣言》所描绘出来的总体蓝图和背景，另一方面又要具有新的斗争策略、新的武器，甚至新的主体。面对共产主义兴起的各种思潮，巴迪欧作出了激进的回应，并提出了自己的共产主义观念的思想。不同于传统经典的马克思主义的共产主义思想，巴迪欧指出共产主义的实现形式是多样的和开放的，可以在不可能中实现可能。在巴迪欧看来，这种新的共产主义形式可以实现“第三世纪”（我们现今所处的时代）的开启，带领我们进入新的时代。

巴迪欧指出，共产主义观念的提出，直接针对的是苏联的党—国（parti-état）模式。在这种模式下，党代表着共产主义的方向，一切与党不相符合的东西，都面临着被消灭或扭曲的危险，这种党—国模式非法盗用了通向真理的主体的联合，并将自己伪饰成那个大写的真理，苏联式的共产主义是一种没有真理身体的共产主义，这是巴迪欧所明确反对的，与此相反，巴迪欧主张共产主义必须依赖于一种共产主义的观念。观念介于作为主体化身体和个体之间，成为了承担着个体联合与成为共产主义的真理的身体的任务。随着东欧剧变和苏联解体的发生，人们日渐对共产主义及其解放政治失去信心，在西方，共产主义思想甚至被主流思想所边缘化，但是，这并不代表着共产主义彻底地被否定和抛弃。在法国，在后现代主义以及新自由主义思潮的影响下，新一代的左翼思想家成长起来，这当中包括激进左翼的杰出代表巴迪欧，在他的《共产主义的假设》（*The Communist Hypothesis*）一书中，巴迪欧主张重树共产主义的旗帜，认为政治解放的最终目的是走向共产主义。巴迪欧指出，巴黎公社和“文化大革命”是历史上仅有的两个真正属于人民群众的革命运动，在《共产主义的假设》中，巴迪欧花费较多的笔墨对巴黎公社进行书写。时过境迁，随着经济全球化的飞速发展，巴黎公社逐渐被人们所淡忘，巴迪欧重提巴黎公社，为其共产主义思想的阐述提供了现实素材。针对党—国模式，巴迪欧主张回到巴黎公社。在党—国模式中，党是政治的全权代表，代表着唯一的政治立场，对人民大众有着绝对的领导权，实行一种无产阶级专政的模式，这是巴迪欧所不能接受的，因而主张在今天召唤巴黎公社的回归，巴黎公社作为一种直接的政治运动，其本身就是对议会政治的颠覆，直接体现革命群众的意志，为我们超越凝固化的党—国模式提供了可能，也为我们在资本主义全球化浪潮中探寻解放政治的道路指明了方向。巴迪欧指出，巴黎公社真正地实现了无产阶级的存在，巴黎公社作为真正的无产阶级的事件，在革命中，无产阶级打破了资产阶级连贯性的历史框架，从而使自身作为革命的主体（以自己的方式）而存在。这里的逻辑与巴迪欧在《存在与事件》和《世界的逻辑：存在与事件 2》中所提出的本体论是契合的，换言之，巴迪欧关注巴黎公社的本意在于用这个特殊的历史事件来阐明自己的哲学，这正是巴迪欧在今天召唤巴黎公社的根本原因之所在。同时，巴迪欧还指出共产主义是一种肯定，通过对新身体的创造性的活动去肯定新的主体，至于什么是新主体性，巴迪欧指出，“新主体性或新主体身体的开始就是一群人，他们肯定了新的可能性——他们肯定了这个肯定”[①]。这个肯定对应的是巴迪欧的共产主义立场，巴迪欧认为共产主义作为一个新的可能性首先应该被肯定下来，以此为支点，来撬动整个资本主义的秩序。通过肯定，可以在人的生命形式中找到通向未来共产主义社会的道路，需要注意的是，巴迪欧这里的肯定不是某个具体的共产主义或是其内容，而是肯定共产主义本身，也就是巴迪欧所说的共产主义观念。

（二）内涵：个体在生成中成为大写的历史主体

作为当代西方激进左翼的一位有着广泛影响的领军性人物，巴迪欧首先掀起了“回归共产主义”的热潮，他在 2008 年的《新左

---

① Alain Badiou, *The Affirmative Dialectics*, AlexTaek GwangLee, Slavojiek, The Idea of Communism 3, London: Verso, 2010, p. 130.

派评论》杂志上发表的《共产主义假设》（The Communist Hypothesis）一文引发了学界对于共产主义理论的广泛热议。共产主义观念也再次重现在人们的视野。但我们也要知道，最先提出“共产主义假设”理论的不是巴迪欧，而是法国总统萨科齐。萨科齐对法国“五月风暴”40 周年的纪念活动十分不满，他说，凡是对其形成困扰的东西都要清除，不仅是经验上的共产主义，对于它的一切表现形式都要驱逐，消失仍然不够，甚至共产主义假设。巴迪欧接过共产主义假设这个概念，但不主张对其进行驱逐，而是强调共产主义假设是必要且永恒的。上文我们说到，面对共产主义经历各种思潮的时候，巴迪欧作了激进的回应，并提出了自己的共产主义观念的思想，体现了巴迪欧共产主义思想的独特之处。当然，这也是为了实现其哲学更进一步的理论需要。那么如何“更进一步”呢？巴迪欧主张以一种“共产主义的姿态”去建构其在世的新哲学。突出体现在其对共产主义观念的阐发和理解上，巴迪欧指出：“共产主义观念是在政治情境中发生的，体现的是真理的政治程序与个体之间的关联，即一种真正无限的人的联合，每一个个体都通过共产主义观念，在生成之中的政治身体中，去实现自己的无限。”[①] 也就是说，巴迪欧视域中的共产主义必须依赖一种观念，一个介于主体化的身体和个体之间的主体的名词，这个名词促使个体通过联合去生成共产主义真理的身体。进一步说，“共产主义观念使得个体在生成之中成为大写的政治主体，与此同时，共产主义观念也构成了它在大写的历史之中的规划”[②]。因此可以说，巴迪欧的共产主义观念某种程度上也是为其政治服务的，并深入社会历史之中，体现了巴迪欧对现实政治、历史形势的特别关照。

---

① ［法］阿兰·巴迪欧：《第二哲学宣言》，蓝江译，南京大学出版社 2014 年版，第 25 页。

② Alain Badiou, *L'hypothèse communiste*, Lignes, 2009, p. 186.

为了更好地说明共产主义观念，在《第二哲学宣言》中，巴迪欧创造性地引入了“观念”这一概念。所谓观念就是按照真理的方向去开创个体，这里的个体是真理过程中联合起来的忠实主体，换句话说，“观念是个体和真理主体之间的中介”[①]。也就是说，观念架起了个体和真理之间的桥梁，连接了我们与大写的真理主体，观念是我们与大写的真理主体连接的唯一接口，是观念使我们超越庸俗的意见和有限的视界，使个体克服有限性而走向真正的无限，进而再现这个世界，因此说观念是进步的肯定性的力量。因为在巴迪欧的视域中，首先，观念是最首要的东西，行动也内含于观念之中，伴随事件的发生，观念也悄无声息地发生作用，促使行动产生巨大威力，正因为此，巴迪欧主张用“共产主义观念”代替“共产主义”。通过观念的介入，哲学实现了在政治中的变革，这是巴迪欧哲学的政治旨归，具体体现便是巴迪欧的共产主义观念思想。其次，巴迪欧始终认为，“观念促使全新的个体使自己从属于大写的历史”[②]，因而是不可或缺的。最后，巴迪欧具体分析了构成观念的三个基本元素，它们是真理程序、归属于历史，以及个人的主体化。真理程序体现的是政治方面的纯粹事件的发生，由于事件具有偶然性，是转瞬即逝和不稳定的，因此巴迪欧反对立足于纯政治运动去阐释共产主义，即不能把共产主义仅仅理解为群众性自发的政治运动，因此，巴迪欧主张从另外两个要素去理解共产主义。归属于历史是观念的第二个要素，即将事件的断裂纳入历史之中，只有在历史中我们才能达到对事件的理解，明确事件在历史之中的位置。个体的主体化是观念的最后一个也是最为重要的要素，个体作为主体，通过自己的想象性创造，对事件进行命名，成功地将事件

① ［法］阿兰·巴迪欧：《第二哲学宣言》，蓝江译，南京大学出版社2014年版，第25页。

② Alain Badiou，*L'hypothèse communiste*，Lignes，2009，p. 185.

纳入大写的历史之中，使事件具有了某种象征性意义，个体通过想象使自己成为主体，进而使非存在走向存在。巴迪欧以巴黎公社运动为例，指出巴黎公社运动中的工人阶级通过自己的想象性创造，建立了一个全新的政权，这一想象的创造过程被巴迪欧视为个体的主体化，工人阶级在新政权建立的同时使得自己第一次获得了存在，即，将自己定义为主体，正因为此，我们说主体理论是巴迪欧共产主义观念的核心关注点。统观观念的三个元素，主体化是连接真理程序和历史的桥梁。通过主体化、象征化的历史运动将事件纳入历史当中使其归属于历史，成为历史的一部分。鉴于此，巴迪欧指出:“作为一种主观化的操作，一种特殊的真实的真理被想象性地嵌入到大写历史的象征运动之中。……换句话说，观念展现的是某种作为真实的真理的象征的事实。”[①] 在对观念的理解基础上，巴迪欧定义了“共产主义的观念”，指出共产主义观念依托于主体化的想象，通过想象性创造将偶然发生的政治事件纳入大写的“一”的历史之中，这个大写的历史的“一”作为普遍主义的根基正是巴迪欧追寻的目标，尽管在当下看来，大写的“一”仍然没有呈现，但是我们要始终相信，人类最终会走向那个大写的“一”，即共产主义的观念。对于此问题的类似表述还体现在巴迪欧的《元政治学概述》中，他指出，共产主义以追求普遍的类性真理为自己理论的终极目标，即力争走向真正普遍性的大写的一，为了实现这一目标，主体化的操作是必不可少的，即在坚持自由原则的基础上，缝合政治和国家之间的裂缝。总之，主体化、真实的政治和大写的象征历史之间的三元关系构成了巴迪欧共产主义观念的前提，借助于主体化的想象性操作去突破原有历史的界限，以实现共产主义的终极目标，走向作为大写的“一”的象征化的历史。在此，共产主义

---

① Alain Badiou, L'hypothèse communiste, Lignes, 2009, p. 193.

的观念连同个体意识都获得了新的意义。

巴迪欧的“共产主义观念”的思想基础是事件哲学。事件具有偶然性，人们不能从先前的情势中推导出事件，因此说“一个事件就是一个纯粹的偶然”[①]，是对现存秩序和历史延续性的撕裂和打破；同时将不可能性带到我们面前。因此我们说，共产主义观念开启了全新的历史的可能性视阈，开启“可能性的可能性”——对新的可能性的祈望。基于此，巴迪欧区分了共产主义运动的两个序列，第一个序列是从1792年的法国革命到1871年的巴黎公社，第二个序列从1917年俄国的十月革命到1976年中国的“文化大革命”结束。从两个序列的划分中我们发现，两个序列之间存在着非连续的间歇期。从1871年到1914年是一个历史的间歇期，今天我们正处在第二个间歇期。在历史的间歇期时，共产主义运动陷入低潮，人们虽然能够掌握历史的大的方向，但是对于能否实现共产主义，如何实现共产主义陷入迷茫，并且由于人们对于共产主义实现的方式和条件也是未知的，因此一切践行共产主义的新的尝试都受到禁锢。巴迪欧明晰了上述状况，指出面对共产主义低潮的状况，我们要积极地应对而不是消极地等待，在共产主义处在历史的间歇期时，我们不能仅仅寄希望于直接的共产主义运动，当前最重要的是去重思共产主义观念的意义，思考如何将共产主义假设放在当今时代条件下进行考察，探寻其实现的条件，这也是为什么巴迪欧在今天注重共产主义观念的原因所在。同时，巴迪欧肯定了共产主义观念的意义是在现实语境中发生的，并试图用共产主义观念架起连接实践本体论和激进政治学的桥梁。但是我们也要看到，他的共产主义观念建立在主体对“真理—事件”的忠诚基础上，缺少客观规律的支撑，忽

---

① 孔明安等：《当代国外马克思主义新思潮研究：从西方马克思主义到后马克思主义》，中央编译出版社2012年版，第186页。

视了社会历史发展过程中起基础性作用的经济因素，从而某种程度上解构了马克思共产主义思想中的无产阶级革命理论。因而有学者认为，这种脱离社会历史进程的共产主义观念的理论实质是一种抽象的、非历史的因而也是狂热的激进政治构想。可见，巴迪欧虽然将自己的目光转向现实世界的具体实际，主张在世之中探寻普遍的真理，但由于巴迪欧寄希望于高度理性化的联合个体的共产主义观念，因而被世人指摘其理论具有乌托邦色彩，巴迪欧正视这一指摘，但也强调自己的共产主义作为一种观念，并不是说共产主义彻底地在世界中到来，而是更多地应用其去指导现实社会的实际规则的变革。因此，在当下思考共产主义的哲学观念或这一理想如何能被重新激活，以及怎样在21世纪发挥作用是十分重要而有意义的。

（三）实质：实现真正的无限的人的联合

上文提到，针对苏联的共产主义和一系列全球性危机，巴迪欧提出其共产主义观念的思想。苏联的共产主义体现为一种“党—国模式”，在这种模式下，党代表着共产主义的方向，一切与党不相符合的东西，都面临着被消灭或扭曲的危险，这种党—国模式非法盗用了通向真理的主体的联合，并将自己伪饰成那个大写的真理，苏联式的共产主义是一种没有真理身体的共产主义，这是巴迪欧所明确反对的，与此相反，巴迪欧主张共产主义必须依赖于一种共产主义的观念。观念介于作为主体化身体和个体之间，成为了承担着个体联合生成为共产主义的真理的身体的任务，这是巴迪欧视域下共产主义观念的深刻内涵。在对共产主义观念提出的背景和内涵有了基本的了解之后，接下来我们看一下共产主义观念的理论实质。

巴迪欧的共产主义观念是其对既有资本主义社会进行批判而提出的未来假设的理论，其核心关注点是真理性事件中的革命主体，事件、真理、主体三位一体的本体论哲学为共产主义观念的实现提供了理论基础。并且我们说巴迪欧的共产主义观念丰富和发展了马克思的共产主义理论。在马克思本人的思想中，共产主义的内涵有三种：第一，共产主义是思想上的共产主义，即恩格斯所说的“关于无产阶级解放条件的学说”[①]，包括政治经济学批判、阶级斗争和意识形态批判等。第二，共产主义是现实的共产主义运动，马克思在《德意志意识形态》中指出：“共产主义对我们来说不是应当确立的状况，不是现实应当与之相适应的理想。我们所称为共产主义的是那种消灭现存状况的现实的运动。这个运动的条件是由现有的前提产生的。”[②] 第三，共产主义还是通过推翻资产阶级统治而建立起来的一种崭新的社会形态，在《哥达纲领批判》中，马克思指出经过资本主义的长久阵痛后，会逐渐进入共产主义社会，指出未来的共产主义社会应该采取什么样的国家制度等。在对马克思共产主义内涵的理解基础上，我认为巴迪欧的共产主义和马克思的共产主义的实质是一致的，其共产主义观念追求的也是无限的人的联合，即个体在真理身体中实现自己的无限。在共产主义观念下生活的人们是自由平等的，它最大程度地保障了人的主体地位。因为在巴迪欧的眼里，共产主义观念并不是人们所谓的乌托邦或空洞的说教，它真实地体现在拒绝私有化的时刻和集体占有的行动之中，是要探寻实现真正意义上的人的自由平等的现实道路，因而也是一种包含了不同历史和事件的行动的共产主义。正因为此，对于世人将其共产主义观念看成是康德式的规范性观念的行为，巴迪欧表示强烈的反对，并声称自己的共产主义是追随马克思的足迹的，主张通过真正的实际的运动去践行共产主义，这也体现了巴迪欧的马克思主义情结。对资本主义的批判反思构成了巴迪欧共产主义运动的现实的

① 《马克思恩格斯选集》第 1 卷，人民出版社 2012 年版，第 897 页。
② 《马克思恩格斯选集》第 1 卷，人民出版社 2012 年版，第 166 页。

前提，他通过反对资本主义的民主统治，与资本主义进行现实的斗争，目的是希望通过政治实践走向一种集体的联合，进而实现真正意义上的人的自由平等。可见，巴迪欧的共产主义作为一种新的存在方式，是在新的历史条件下的创造性尝试，共产主义观念作为一个政治的观念有着双重的功能，首先我们可以用辩证的观点对其进行解释，其次，可以通过对具体的现实状况的分析，探索批判和变革资本主义社会现实进而走向自由和解放的道路，通过共产主义的观念加运动去恢复人的真正地位。

上文提到，巴迪欧的共产主义观念很大意义上是为其政治服务的，共产主义也被巴迪欧看作“为了所有存在的类的平等而建立的一种真理程序，这个真理程序通过共产主义的实际运动而不断地进行类性延展，使得自己以一个崭新的状态再现，进而使得新产生的非在可以在事件之后的真理程序中获得实存强度”①。正因为如此，巴迪欧不主张将共产主义模式固定为某一单一的模式，而是强调共产主义观念，避免由于某一模式的局限而使新的可能性的存在遭到排斥。至于在共产主义观念的设想下应该实行什么样的政治形式，巴迪欧对此的见解是独特的，他指出，共有政治形式下的人们实现了个体的真正意义上的平等，使得人以一种属人的方式存在，因而是一种理想政治形式。具体来说就是取消私有制，实行人人共享的集体所有制。也就是巴迪欧所说的，“政治决定具有绝对的激进的特性，共产主义的实现建立在取消私有制的基础上，实行人人共享的集体所有制，政治共同体的任何成员都不能私自拥有住房或者工作室等，一切都将属于集体”②。因此，在巴迪欧视域中，共产主义

① ［法］阿兰·巴迪欧：《哲学与政治之间谜一般的关系》，李佩纹译，中央编译出版社2017年版，第30页。

② ［法］阿兰·巴迪欧：《柏拉图的理想国》，曹丹红、胡蝶译，河南大学出版社2015年版，第216页。

对资本主义的反抗依托于平等的理念，目的是在最大程度上实现人的自由，即无限的人的联合。在马恩的经典共产主义理论视域下，通过无产阶级的联合可以实现共产主义的可能，在新时代巴迪欧也同样主张，在今天共产主义是可能的，我们仍然需要共产主义，为了实现共产主义的理想，物质生产力的巨大发展仍是其基本条件，对资本主义政治经济学的批判和社会主义的建设仍是其最根本的路径，但也还需要其他方面的内容为其提供保障，这个其他方面的内容指的是共产主义的精神方面，也就是说，共产主义包含理想和现实双重的维度，不仅局限于实现物质产品极大丰富的社会，更体现为一种信仰和为之而不懈奋斗的理想。巴迪欧主张要重视共产主义的精神方面，以免共产主义被人误解和歪曲为纯粹物质上的享受和追求，对共产主义观念的信仰有助于推进共产主义的实现进程。也就是说，尽管我们无法知晓未来社会的样态，但是仍旧需要共产主义这样一种观念，促使被奴役和压迫的工人个体聚集成一个真正的无产阶级的联合体，无产阶级在共产主义观念或信念支撑下进行反抗资本主义的统治，进而实现自身的自由和全面的发展。正是在这个意义上，我们才能理解“全世界无产者，联合起来!”这一口号的深刻内涵。所以说，实现真正的无限的人的联合是两者共同的旨归。

综上，通过对共产主义观念的提出、内涵和实质的探讨我们发现，巴迪欧的思想既有在新的历史条件下的独特性，也有对马克思主义的继承和发展，巴迪欧对马克思主义的最明显的继承就是他的共产主义观念理论。巴迪欧与马克思一样，他们都是通过对既有的资本主义社会进行批判提出了一种未来假设的理论，这体现在马克思那里是共产主义，巴迪欧这里则是共产主义观念。事件、真理、主体三元结构作为巴迪欧本体论哲学的核心，奠定了巴迪欧共产主义假设的理论的基础，可见，巴迪欧对共产主义理论是十分重视的。也正是在这一意义上我们理解为什么巴迪欧以坚定的马克思主义者自居的真正内涵。因此，齐泽克还评价巴迪欧“是在通向共产主义的解放政治的道路上的一位布道者，为迷惘中的芸芸众生指明了未来的方向”[①]。汪行福肯定了巴迪欧在资本主义陷入危机的情境下重释共产主义设想这一创造性的举动，这一举动对于助推共产主义运动走出萧条再次进入了全新的发展时期具有全新的重要意义。同时，我们也要看到，在作为巴迪欧共产主义观念理论的基础的事件、真理、主体三元结构中，由于忽视经济和历史因素的影响作用，致使人们无法理解革命事件发生的原因，只能将革命性的因素归结为偶然的事件，这就使得巴迪欧的革命政治维系在信念的层次上；同时，由于革命主体在革命事件发生之前是不存在的，无法介入其中，也就不能参与到实际的革命运动中去，不能保证革命的有效性。这与马克思主义渐进式的革命策略是不同的，马克思主义相信，是生产力和生产关系之间的矛盾最终导致革命事件发生的，革命主体的赤贫的生存状况促使其发动革命，因而主体是先于革命事件而存在的。因此我们说，共产主义在巴迪欧和马克思那里是有着本质区别的，巴迪欧视域下的共产主义更多的是边缘化的政治活动，而马克思的共产主义则是力争于消灭资本主义现存状况的现实运动，因此，我们在评价巴迪欧共产主义思想时要秉持一种甄别的态度，既不能否定其对马克思的共产主义理论所作出的创新性贡献，也不能忽视其理论自身存在的弱点和缺陷，总而言之，虽然巴迪欧的共产主义观念某种程度上更新了马克思的共产主义理论，对当代社会的发展提供有益的借鉴和指导，但这种更新相比马克思而言又后退了一步。

---

① 陈学明等:《二十世纪西方马克思主义哲学》，人民出版社 2012 年版，第 779 页。

三　事件轨迹、真理性身体、主体化三者统一的在世的新哲学

在《存在与事件》与《哲学宣言》中，巴迪欧为了拯救哲学，利用数学的逻辑创造性构建了其事件、真理、主体三位一体的本体论哲学，事件是对原初情势的断裂，主张对资本主义运行机制进行批判；真理是一种情势的“类性真理”，给予“哲学终结论”以重磅一击；主体是一种后事件性的存在，是事件和真理的中介，通过主体对事件的忠诚使得真理存在。彼得·霍尔沃德是较早关注并研究巴迪欧哲学的思想家，他在“Introduction to Badiou：A Subject to Truth”一文中指出：“真理、事件、主体是这一过程的所有方面：真理通过主体的宣布而成为真理，主体在宣布真理的过程中以其对事件的忠诚而成为主体。”[①] 这句话准确地揭示了“事件、真理、主体”三位一体的深刻内涵，事件、真理、主体三元结构的基本内涵揭示的是巴迪欧思想中的始终如一的三者的内在统一性。《世界的逻辑：存在与事件2》和《第二哲学宣言》悬置了《存在与事件》与《哲学宣言》中的概念和方法，认为纯粹的数学本体论角度无法适应其理论的内在逻辑运演的需要，所以巴迪欧将关注的焦点转移到在世的具体事物的理解，并区分了存在与实存（存在世界的具体化），指出在世之中的存在和真理并不能直接地显现　需要借助某种具体的身体来呈现自身，即创造出真理和身体的实存样态，创造出新的概念体系。这样，此世之人或个体之眼代替了《存在与事件》的上帝之眼，开始落到人的角度看问题。也正因为此，

---

① Peter Hallward, *Introduction to Badiou: A Subject to Truth*, Minneapolis. London: University of Minnesota Press, 2003, p. xxvi.

《世界的逻辑：存在与事件2》和《第二哲学宣言》的目的是去澄清意见和真理的区别，从而坚持真理的存在，主张克服科学主义和道德主义对哲学的蒙蔽、纠缠及重创，探寻真理的革命性的永恒，通过大写的观念，主体化的、表象在世界中的身体，以一种共产主义的姿态，构建永恒的在世的真理。综上，巴迪欧的哲学实现了存在层面到实存（呈现）层面的内在逻辑的推进。就事件、真理、主体三元结构而言，事件在存在层面上是原初情势的断裂，在呈现层面上是世界逻辑的断裂。真理在存在层面是类性的多的真理，可以通过类性程序的操作而实现真理的建构；在呈现层面上，真理是真理性的身体，即真理的物质性实存，它依托于具体的身体使自己在世界中呈现。主体在存在层面是后事件的产物，通过积极能动性的介入行为使自己存在；在呈现层面，主体更多地体现为一种主体形式，以事件轨迹和真理性身体为前提，主体通过三种典型形式（信任性主体、反抗性主体和模糊性主体）在世界中呈现自身。在这一章，笔者集中探讨呈现层面的事件轨迹、真理性身体和主体化三者的内在统一，事件轨迹作为事件过后所留下来的痕迹体现为在世之中事件与真理的融合，在这一融合过程中，真理性身体得以呈现自身，同时一种新的方式为这一融合提供了保障，这一新的方式就是主体化。

（一）事件轨迹：原始陈述

我们都知道事件是巴迪欧哲学思想的核心范畴，事件从存在层面上看是既定情势的断裂，是真理和主体存在的前提性条件；从呈现层面上看事件是世界逻辑的断裂，事件的轨迹是真理性身体得以出现的前提性条件。可见，对真理问题探讨离不开作为根源性的事件。《第二哲学宣言》的关键概念是主体化的身体，这仍然是真理问题，但不是真理的存在问题，不是“类性的多”的数学形式主义的真理，而是在既定世界上的表象，实存和发展的物质过程的真理，同时也是与此过程相关的主体类性。类性真理本身不能行动和表达，需要一个主体从事件的内部介入，创造出某种真理程序，才能形成主体化的真理，类性真理的概念和主体化的真理是不一样的，前者是本体论层面的内容，后者是实存方面的内容。所以，巴迪欧哲学中必须有一个“事件”因素将二者衔接起来，这也是理解巴迪欧哲学的关键。

对于什么是事件轨迹，巴迪欧用原始陈述进行说明，认为原始陈述就是事件过后剩下的那个痕迹，他在《第二哲学宣言》中进行了详细的阐述：“我把在事件变化中突然浮现出来并在表象中取最大值的在先前的世界状态中的非在称作为原始陈述。它出于某种需要，迎接新的东西和结果，并接受这个新的结果所生成的规则，让我们所是的整个多成为大写的真。”[①] 在巴迪欧看来，事件具有突发性、偶然性，并且事件的发生和降临是转瞬即逝的，它只留下痕迹——事件轨迹，巴迪欧称这个事件过后留下的痕迹为原始陈述。借助于原始陈述，人们可以探寻真理的再现，创造出真理实现的新的身体形式，这就需要运用新的主体化的方式为其提供能动的保障，通过忠实的主体化过程，真理可以找到一个在世界上的身体，即一个主体化的身体，主体化的身体通过对原始陈述的忠诚，使得自身也成为真理过程的一部分。至于这个身体如何形成，巴迪欧指出这与世界上其他身体与原始陈述的关系有关，而原始陈述是在事件的后果逐渐展开的过程中发生大得多的汇集，在陈述中的这些后果既包括聚集的材料，也包括对新的证明。比如以“我爱你”为例，它是那个转瞬即逝的一见钟情的附加后果，也促使了世界上一

① ［法］阿兰·巴迪欧：《第二哲学宣言》，蓝江译，南京大学出版社 2014 年版，第 114 页。

对爱侣的诞生；还有无数的不同的组织对 1968 年“五月风暴”的忠诚，这些都说明了在原始陈述的权威之下，宣称他们的自身在身心上都站在这个原始陈述的立场上，并自愿在其后果的展开中联合起来。这样，原始陈述开创了新的主体化的身体。为了说明原始陈述与真理身体的关系，巴迪欧创造性地引入了“合体”概念。所谓合体：“在原始陈述的权威之下，宣称他们的自身在身心上都站在这个原始陈述的立场上，并自愿在其后果的展开中联合起来，因为这一过程是一个附加在创生的身体之上的过程，也是与原始陈述的后果展开的身体密切联系在一起的体验过程，那么，事件如同一道闪电，在一个精确的点上划过表现规则的天空，这个过程就是合体。”① 仍旧以一对“爱侣”为例，爱的原始陈述即“我爱你”，存在于爱侣的主观世界中，这种爱的强度要超过任何东西，以漫步在沙滩中的一对情侣为例，相互依偎的两人无疑是十分快乐的，如果这个快乐能够实现与原始陈述的同一性关系的最大可能的阶点的测度，那么我们可以说，这个快乐在建构爱的真理的过程中，在爱的真理的范围内使自己合体了。当然，爱的形式还包括甜言蜜语和激情相拥等多种形式，在这种意义上，意味着在海滩上漫步的快乐不低于这种快乐实存的阶点，因此可以说，当人们陷入爱情时，如果实现了个人的力量的增长，如快乐感觉的增强，也就是个人情感与爱的原始陈述之间的同一性阶点值不小于其自身的强度值，这时我们可以说，个人的情感融入了爱的身体之中，丰富了爱的身体的同时，也使自身进入真理的过程之中。当然，巴迪欧主张在爱的邂逅之后最重要的是对爱进行建构，这就需要主体的忠诚，这里的忠诚不是某一个人对另外一个人的忠诚，而是两个个体共同忠诚于那个

---

① ［法］阿兰·巴迪欧:《第二哲学宣言》，蓝江译，南京大学出版社 2014 年版，第 116 页。

曾经邂逅的事件，因此巴迪欧说，爱是一种坚持到底的冒险，真正的爱是一种持之以恒的胜利，忠诚在这里是爱的本质的体现。由此我们也可以类推出：要想成为真理身体的一个元素，融合到真理过程之中，必要的条件是这个元素与原始陈述的同一性关系取最大值。也就是说："通过在真理形成过程中的合体，身体具有了一定的强度，这个强度可以促使身体自身同原始陈述保持同一性关系。"① 可见，真理过程是新身体的建构过程，新身体像所有的多一样逐步在世界上表象出来，并拥有了同原始陈述的亲缘关系，因为原始陈述是事件的痕迹，我们也可以说，真理的身体源于在这个世界上一切的事件的后果中的合体，那么事件也将会获得最大的影响力。于是，一个业已消逝的事件，那个世界正逐步地让它那无法预料的身体在不同的表象材料中表象出来，这是一个真理。

为了说明事件轨迹与真理性身体的关系，巴迪欧创造性地引入了"位置"概念，指出，"位置是事件的位置，在事件的断裂而产生的一系列结果中，由于事件位置的显现使得非实存者开始最大限度地呈现，以往本体论上消逝的东西也再次呈现自身，之前被排除在地点之外的空转化为现在的打破深思形式的能动的身体"②。也就是说，事件位置的显现和消失带来了一些变化，使得非实存者开始呈现自身，使得人们将关注点转向真理的身体。事件的位置及其轨迹预设了真理与真理性身体的产生，为真理的存在和实存提供了可能。对于身体，巴迪欧指出："身体存在的意义就是对位置条目的归纳，这个位置的条目被最大限度地应用在一种非实在者的新显现的本体论连接中，身体就作为事件轨迹而起作用。"③ 正因为如此，

① ［法］阿兰·巴迪欧：《第二哲学宣言》，蓝江译，南京大学出版社2014年版，第118页。

② Alain Badiou, *Logics of World*: *Being and Event* 2, trans., Alberto Toscano, London. NewYork: Continuum, 2009, p. 459.

③ Alain Badiou, *Logics of World*: *Being and Event* 2, trans., Alberto Toscano, London. NewYork: Continuum, 2009, p. 470.

巴迪欧建立起事件位置和真理性身体的联系。结合我们的现实生活来看，在现实中我们直接体验到的是真理的实存样态或真理性的身体（类似于海德格尔的此在），并非真理本身，为了把握真理，需要借助于事件的位置及其轨迹去再现事件，进而透过真理性的身体去理解真理的实存，使得本身并不实存的真理最大限度地显现。总之，在巴迪欧哲学视域中，真理的实存即真理性的身体，探寻真理的过程也是新身体的建构过程，真理通过新身体使自己在世界中呈现出来。因此，巴迪欧作为真理性的身体必须生活在一个存在与显现相关联的世界中，通过身体对存在与实存的联结点的控制实现事件轨迹对事件的回归，这一过程需要借助于“现代几何学”的结构。所以可以说，存在与表象的差异其实是数学（本体论）和逻辑（现象学）的差异。对于这个问题，巴迪欧通过阶点理论和同一性函数来进行说明。

（二）真理性身体：真理的实存

在本书第二章第三节，我们集中探讨了真理的“存在”，即真理显现为一种真理程序，在这一部分，我们将从呈现层面探讨真理的“实存”，这也是《世界的逻辑：存在与事件 2》和《第二哲学宣言》探讨的核心内容。在《世界的逻辑：存在与事件 2》一书的导论中巴迪欧就旗帜鲜明地指出，他反对所谓当代新智者们声称的：在世界上除了身体和语言之外什么都不存在的说法，而是主张，除了身体和语言之外，还存在着真理，面对这个世界的真实生活的时候，更是需要宣告真理存在的勇气。巴迪欧深入社会实际，指出重要的不是数学形式主义中的类性的多的真理的存在，而是在世之中的真理的实存和发展，真理的实存说的就是真理以某种身体的形式在世界中显现自身。因为巴迪欧深知，人作为有着理性诉求的存在者还是在世之中的存在，不能仅仅依靠形而上的维度去理解千变万化的生活世界，因为面对各种各样的存在着的客观问题，仅凭纯粹形而上的思维、概念化的知识是解决不了的，还需要转向对在世的具体之物的理解，探索出真理以某种身体的形式在世界中显现的途径，这就需要主体进行在世之中的思考，即将哲学的基本问题转换到一种在世之中的思考，使其从纯粹的抽象上升到丰富的具体。在这一过程中的一个重要的范畴便是身体，通过身体的表征，世界与历史也成为具体的事物，对于身体，巴迪欧指出："身体存在的意义就是对位置条目的归纳，这个位置的条目被最大限度地应用在一种非实在者的新显现的本体论连接中，身体就作为事件轨迹而起作用。"① 正因为如此，巴迪欧建立起事件位置和真理性身体的联系，指出真理性身体得以产生的前提便是事件轨迹，在《世界的逻辑：存在与事件2》中，巴迪欧坦承他的目的是重新定义身体，把其理解为真理性身体或主体性身体。同时，巴迪欧还指出，"身体是什么?"这一基本问题是考察在世之中的真理（世界是什么样的）的基础，因为促使真理主动性的显现的承担者便是这个身体。同时，巴迪欧还指出，真理的身体作为真正的主体，是所有的个体所联合的大写的主体。也就是说，通过这一联合，构成个体的身体的全部因素都成为另一个身体的元素，即真理的身体，真理的身体是在一个既定世界上的真理的物质性实存。在个体成为真理性的身体之时，他实现了对自己的有限的界限的超越。同时巴迪欧还强调："真理身体之中的个体依然保留着自己的个体性，成为联合后的大写的新主体的一个活跃的部分。"② 因此我们说，大写的新主体，在保留了个体的自由属性的同时，也体现为真理在世之中的显现，因此巴迪欧视域中的身体既指个体的身体又指真理的身体，基

---

① Alain Badiou, *Logics of World*: *Being and Event* 2, trans., Alberto Toscano, London. New-York: Continuum, 2009, p. 470.

② Alain Badiou, L'hypothèse communiste, Lignes, 2009, pp. 184 - 185.

于他的一种超验性的视角，我们说巴迪欧更多地强调真理的身体即真理在世之中的实存。身体作为真理得以在世之中显现的媒介，是不可或缺的经验性的或者实存性的东西，没有身体这一媒介，对于真理的认识和把握也是不可能的，所以说是真理的身体为真理的存在提供了现实的可能。这样，巴迪欧的思想经历了从超验到经验、从天国到尘世的发展历程，使得承担发现真理的主体有了在世之身，让事件有了在世之根，也使真理成为可以经验的东西。

至于如何实现真理的实存，巴迪欧在《世界的逻辑：存在与事件2》和《第二哲学宣言》中创造性地引入“阶点理论”来进行说明。关于“阶点理论”，在本书的第三章第一节已经对其进行了专门的介绍和探讨，内容十分翔实，在此不过多论述。总之，为了更好地论证真理的实存，巴迪欧通过阶点理论和同一性函数来进行说明，通过实存的不同的取值情况（不同的实存强度）来说明真理的实存。关于实存的取值情况，巴迪欧指出，f（p）会在最大值或最小值这区间内取不同的值，即具有不同的实存强度，他说：“我们如何去界定在表象或者在那的超验性框架的实存？我可以立即给出答案：当我们将之应用到某一元素与同一个元素之间的关系时，实存是同一性函数的恰当的名字。也就是说，实存是某物相对于自身的同一性的尺度。”[①] 这就和实存的形式有关，他讨论了两种特殊的情况，即实存取最大值和最小值时的情况。当实存取最大值时，在任何情况下，该实存都与自身保持同一，它本身就是真理的表象，是一个超历史的、无时间性的实存，它不依赖于具体的心理结构和历史态度，它的表象方式是不变的，这样一些对象，它们自身作为真理的表象具有实存的恒常性，也就是说，巴迪欧主张存在着永恒

① ［法］阿兰·巴迪欧：《第二哲学宣言》，蓝江译，南京大学出版社2014年版，第89—90页。

的真理。当实存取最小值时，意味着该对象自身在世界上没有被表象出来，因而致使其并不实存，这里的不实存并不等同于不存在，也就是说，某物它存在，但在世界中不实存，巴迪欧将这个不能在世界中实存的某物命名为“非在”，那么，如何从具体化的方面理解“非在”的存在？巴迪欧借助于朗西埃的思想，朗西埃认为“非在”就是某物被排斥出存在的结构，自身无法实现其与自身的同一的事物。“非在”在对象的对象化过程中被排斥为背景的东西，同一性函数也是差异性的排斥的过程。例如巴迪欧《共产主义假设》一书中的例子，无产阶级在政治上是“非在”的，他们实实在在地存在于世界中，但对于国家、政治来说，无产阶级不在其中被表象，故他们并不实存，只是“非在”，工人阶级的革命的爆发致使其登上历史舞台，因而在世界上实存，这一过程展现在人们面前的就是工人阶级的突发性的事件致使本来作为非在的无产阶级变成实存。也就是说，是事件打破了原有的超验性结构，使得原先无法在这个结构中表象出来的非在得以在世界中表象，这正像《国际歌》中那句著名的“我们一无所有，但我们拥有全世界”的呐喊。这样一场运动实现的是旧有的超验性结构的变革，通过实存的革新性分配，使得未被表象的、多元的非在被表象出来表现为实存。当然我们也要知道，真理性身体的存在离不开主体的操作为其提供保障。因为只有通过主体化的操作，真理的存在和呈现才得以可能。接下来我们探讨一下通过什么样的主体化的操作去实现真理为核心的哲学的非在到实存，实现哲学的更进一步。

（三）主体化：哲学的非在到实存

在本书的第二章第三节，依托于巴迪欧的《哲学宣言》，笔者对主体理论进行了较为详尽的介绍，从存在层面探讨了事件、主体、真理三位一体的本体论哲学，到《第二哲学宣言》，我们说巴迪欧哲学经历了从“超验”到“经验”、从“天国”到“尘世”的现象学转向，将哲学的基本问题转向在世之中的思考，更为关注的是从实存层面探讨现存的世界。对于主体的探讨也转换到在世之中的思考，体现了从抽象到具体的转换过程，这就需要“身体”这一重要表征，也就是巴迪欧所反复强调的，除了真理之外，只有身体和语言，凸显出身体的重要地位，并且世界和历史有了身体的依托而成为现实的具体事物，使得承担发现真理的主体有了在世之身，让事件有了在世之根，也使真理成为可以经验的东西。这一过程就是主体化的过程，体现出巴迪欧思想从超验主体到在世之身的逻辑转换，这显示出其思想中的唯物主义属性。

主体化既是使真理身体呈现的必要条件，也是探讨哲学的非在到实存的关键点。在这一部分，我们首先明确存在与实存的区分。哲学基本问题之一就是存在与实存的区分，对于什么是存在，巴迪欧反对海德格尔把存在理解为本有、去蔽、敞开、给予等，因为这样的理解仍然是形而上学式的，巴迪欧分析了海德格尔哲学，指出其将存在比作本有、给予、敞开，将本体论比作提供临近性的轨道的本体论哲学是一种诗歌本体论，“由在场的奢侈和本原的丧失所萦绕的本体论”[①]。在巴迪欧看来，这是一种无根的本体论，超越传统形而上学既需要将“存在”从“一之规范性权能”中释放出来，同时也要对理论所由以产生的社会生活本身进行批判改造。在此基础上，数学本体论首先提供了一种新的关于存在的理解，即“一不存在”“存在是多”。对于实存，巴迪欧在《第二哲学宣言》中的专门一节进行了讨论，指出：“实存的意思依赖于一种特殊的存在类型的理解，实存（依赖于此在）是一个拓扑学的概念，它标志着

① 陈永国主编：《激进哲学：阿兰·巴丢读本》，北京大学出版社 2010 年版，第 10 页。

‘在那儿’，在这个世界之中。”[①] 也就是说，实存类似于海德格尔的此在，在海德格尔的视域中，实存的出场需要在某个场所，在世界中实现，当事物成形之时它也便开始存在，因此巴迪欧指出：“在那儿或者实存的概念不需要参照诸如意识、经验或者人类现实的东西。实存的前提是某种类似于否定或者自我变异的东西，先前的本体论涉及的是空集问题，现今的现象学更多关注的是不同意义的否定问题，如果我们可以在一个世界中来测度这个与其否定之间的同一性阶点，那么我们就可以采用经典的、直觉主义的、仿相容的逻辑，并可以应用到多的表象之中。”[②] 但是我们也要意识到，当我们在谋划这些关联的时候，与那些意识主体或者和自由等没有任何关系，也就是说，在巴迪欧看来，不存在作为所有实存前提的世界，实存不过是我们的表象，即在那儿保留一定的位置。这就涉及了世界的逻辑问题，在世界逻辑的有张力的范围内，多元不仅仅限于存在，而且同样也包括在一个世界中的在那的表象，通过表象，存在使自己成为实存。至于如何实存，巴迪欧用阶点理论和同一性函数来进行说明，在真理性的身体一节我们对此进行了详细的说明，也就是通过实存不同的取值，决定了以真理为核心的哲学的存在与实存。为了更好地说明“实存”范畴，巴迪欧给予“非在”以特别的关注，对于“非在”，巴迪欧曾在2009年他的新书《共产主义假设》一书中举例进行说明。1871年的3月18日，巴黎的工人战胜了前来抢夺蒙马特尔高地的武装国民自卫军，在这一事件的影响下，巴黎的许多工人开始联合起来成为一支独立的政治力量，这样，原来在政治上非在的工人，由于参与到革命事件之中而使自己开始存在（突然在政治上获得了实存的最大值），开始受到政治

① ［法］阿兰·巴迪欧：《第二哲学宣言》，蓝江译，南京大学出版社2014年版，第79页。

② ［法］阿兰·巴迪欧：《第二哲学宣言》，蓝江译，南京大学出版社2014年版，第80页。

家们的关注。但巴迪欧也指出，在巴黎公社运动之前，工人阶级只是在经济上或社会上存在，在政治上，巴黎公社运动之前的工人阶级是非在的。在《第二哲学宣言》中，巴迪欧对此种状况进行了细致的分析，他指出："对于无产阶级是否在政治上实存的问题，我们需要将其抽离出政治领域，遵循政治世界的统治规则进行分析，通过分析我们发现，无产阶级根本就不在其中被表象。"① 也就是说，在巴黎公社革命之前，无产阶级被资产阶级以及各种政治力量视为"非在"，但在经历巴黎公社革命运动事件之后，无产阶级突然登上了历史舞台，不同于以往的法国革命，巴黎公社运动使得无产阶级第一次让自己走上了舞台，使自己通过大写的"在场"的方式出现在情势之中，正因为如此，巴迪欧说，这一事件作为实存的一个最大值的真实的后果是，它使非实存得以实存。

既然哲学在世界中表象为"非在"，那哲学如何实存，真理如何在人间显现？对于如何使非在存在，如何实现哲学的非在到实存，巴迪欧认为其形式是主体化。在本书的第二章，笔者从存在层面探讨了主体理论，认为主体的存在是真理性主体和事件性主体的有机统一。同时，巴迪欧还指出主体不仅存在，它也呈现自身，而主体的呈现需要遵循自身发展的逻辑，在这一原因的驱使下，巴迪欧认为对主体的界定不要仅局限于存在层面，还需要从呈现层面去进行探讨。巴迪欧指出主体依托于它的典型形式实现其呈现，同时由于主体形式与事件、真理不可分割，因此巴迪欧说："主体的形式理论是在事件的轨迹和身体的前提下关于操作和实践的理论。"② 也就是说，事件轨迹和真理性身体是进入主体形式理论的前提，对

① ［法］阿兰·巴迪欧：《第二哲学宣言》，蓝江译，南京大学出版社 2014 年版，第 18—19 页。

② Alain Badiou, *Logics of World: Being and Event 2*, trans., Alberto Toscano, London. New-York: Continuum, 2009, p. 50.

任一主体形式的探讨都离不开事件和真理，特别是后者，因为在巴迪欧看来，“主体只能作为真理的主体，它为真理、真理的否定、真理的隐匿而服务”[①]。这也是为什么把主体化的身体或者说真理性身体当作《第二哲学宣言》的核心概念。为了更好地说明主体化，巴迪欧首先将主体区分为信任性主体、反抗性主体和模糊性主体，这三种主体是根据三种不同类型的立场进行的划分。首先是身体的忠实的立场，这种立场下，主体对新事物的态度是热忱的，忠实于事件打破世界的规则，这种立场对应的是信任主体，体现为对事件轨迹的忠诚，主体在发生的结果中实现自身，作为信任结果产生的主体也呼唤真理的产生，因此可以说，在信任性主体形式之下，事件、真理、主体三者得以统一起来。其次是保守的立场，这种立场认为无事发生，具有反动的倾向，拒绝接受新事物，这种立场对应的是反抗性主体，反抗性主体包含着否定性的操作，但不是事件轨迹的纯粹否定，宣称要产生新的东西，只是不信任新出现的事件，主张对新出现的真理性身体进行维护，可见反抗性主体是一个具有否定色彩的主体形式，通过该形式我们仍然可知主体与事件、真理的不可分割性。最后是蒙昧的（敌意的）立场，认为新事物是破坏性的事物，主张对其进行彻底的摧毁，这种立场对应的是模糊性主体，这一主体形式是对新的现在的废除，主张对现在所产生的真理性身体进行消除，对真理性身体的存在进行扼杀，进而使真理被隐匿起来，正如巴迪欧所总结的，“模糊性主体则希望新身体死亡”[②]。综上我们看出，三种主体形式都是对作为前提性的事件轨迹的回应。忠实的立场主张肯定事件的存在与实存，保守的或蒙昧的立场则主张否定事件的曾在，后两种立场采用不同的方式：保守的立场

---

① Alain Badiou, *Logics of World*: *Being and Event* 2, trans., Alberto Toscano, London. New-York: Continuum, 2009, p. 50.

② ［法］阿兰·巴迪欧：《第二哲学宣言》，蓝江译，南京大学出版社2014年版，第124页。

主张在自己原有的方式下与事件进行和解，而蒙昧的立场则是将事件及其痕迹看成是敌对的东西。面对这三种主体形式，巴迪欧指出，无论采取哪一种立场，都说明面对事件发生的结果时，三种主体形式都秉持着一种变革以往的改革的态度。根据文本需要，在这里，忠实的立场中所体现出来的主体化的态度成为我们重点讨论的方面。忠实的立场对事件遗留的痕迹持有一种肯定的态度，它始终坚信事件的曾经发生。通过主体对事件的忠诚，通过借助某种途径在当下的世界的境遇中重新找到复原真理的道路，即再现事件中一闪即逝的真理。同时，巴迪欧还进一步分析指出，主体形式的最终目的是真理性身体，信任性主体和反抗性主体主张真理性身体的存在并给予其肯定，模糊性主体则是要消解新的真理性身体。可见，无论从存在还是呈现层面，主体的最终归宿都是真理。因此，巴迪欧通过三种或是肯定或是否定的主体形式向我们揭示了主体的呈现与事件、真理的密切关系，即在呈现层面上，主体形式的产生离不开事件轨迹和真理性身体的介入，事件轨迹、真理性身体、主体化三者是统一的。总之，通过主体化使得真理身体得以被表象，为哲学的非在到实存创造了条件。

为了更好地说明真理的显现和哲学的实存，巴迪欧在《第二哲学宣言》中对主体化的身体进行了详细的探讨。他首先指出，在世之中的真理并不是直接的呈现，而是借助某种真理的身体再现自身。这就需要主体遵循事件轨迹，重新塑造出一个真理的身体，即主体化的身体，因为原始陈述代表真理曾在，需要主体化形式去激活，通过主体化的身体对原始陈述的忠实，它使自身成为真理过程的一部分。真理过程就是新身体的建构的过程，真理身体源于一切事件的后果中的合体，体现了事件的影响力。是突发性的事件为非在的实存提供了保障，事件的断裂致使旧的超验性的结构被撕裂，这就使得原来无法在这个结构中表象出来的非在得以在世界中被表象。所以，巴迪欧说：“事件作为让实存获得最大强度的结果，让一个非在实存。”[①] 这也是为什么巴迪欧特别欣赏国际歌那句著名的“我们一无所有，但我们拥有全世界！”这句歌词的原因所在，“一无所有”体现的是无产阶级在政治上是非在的，随着改变现存生活状况的阶级革命性事件的爆发，无产阶级摆脱了其政治上非在性的境地，使自己的实存达到最大值，进而无产阶级也就“拥有了全世界”。巴迪欧将这一过程形容为一场真正的超验性的变革，“通过重新分配所有的实存，……使得世界上未被表象的多元的非在可以依照自己的方式进行变革，进而在世界中被表象出来”[②]。同时，巴迪欧也认识到了，主体是稀有的，只有当事件打破常规，迫使人对事件采取某种态度，主体才呈现自身，这里的主体不是特指某个个体，而是指诸多个体的联合，当个体忠实于事件轨迹或原始陈述的时候，个体就将自身联合到作为真理的身体之中，通过这一联合，所有个体都成为大写的新主体。对于这个大写的新主体，巴迪欧指出：“它一方面保留了个体的自由属性，另一方面，通过联合而成为一个真理的身体，这一过程体现的是我们对于事件的忠实，呈现出通向真理的身体的具体方式。”[③] 总而言之，“《哲学宣言》建立在关于真理被单列出来的存在信条之上，《第二哲学宣言》则建立在综合性的如何去做的信条之上，真理的普遍性的本体论发展成一种其自身生成的实用论”[④]。

综上，通过对事件轨迹、真理性身体、主体化的分别探讨，我们既了解了每一重要范畴的深刻内涵，又明确了巴迪欧对三者内在统一的在世的新哲学的建构。不同于第二章的从存在层面探讨事

---

① Alain Badiou，L'hypothèse communiste，Lignes，2009，p. 173.

② ［法］阿兰·巴迪欧：《第二哲学宣言》，蓝江译，南京大学出版社 2014 年版，第 19 页。

③ ［法］阿兰·巴迪欧：《第二哲学宣言》，蓝江译，南京大学出版社 2014 年版，第 24 页。

④ ［法］阿兰·巴迪欧：《第二哲学宣言》，蓝江译，南京大学出版社 2014 年版，第 153 页。

件、真理、主体三元结构去实现对哲学的创新性拯救，这部分主要是从呈现层面探讨事件轨迹、真理性身体、主体化三者内在统一的在世的新哲学，主要依托的文本是《世界的逻辑：存在与事件 2》和《第二哲学宣言》。在此部分在世新哲学的建构中，巴迪欧指出，事件是转瞬即逝的，它在瞬间爆发，又在瞬间从这个世界上溜走，溜走不代表完全消失，它还在世界上留下了它曾来过的痕迹，巴迪欧称这个事件过后留下的痕迹为原始陈述。借助于原始陈述，人们可以探寻真理的再现，创造出真理实现的新的身体形式，这就需要运用新的主体化的方式为其提供能动的保障，通过忠实的主体化过程，真理可以找到一个在世之中的身体，即一个主体化的身体，主体化的身体通过对原始陈述的忠诚，使得自身也成为真理过程的一部分。同时，巴迪欧还指出，真理的身体作为真正的主体，是所有的个体所联合的大写的主体。也就是说，通过这一联合，构成个体的身体的全部因素都成为另一个身体的元素，即真理的身体，真理的身体是在一个既定世界上的真理的物质性实存。在个体成为真理性的身体之时，它实现了对自己的有限的界限的超越。同时巴迪欧还强调，真理身体之中的个体依然保留着自己的个体性，成为“联合后的大写的新主体的一个活跃的部分”①。因此我们说，大写的新主体，在保留了个体的自由属性的同时，也使自身在联合的基础上成为一个真理的身体，这一过程体现的是我们忠实于事件的过程，也是通向真理的身体的具体方式。

统观第二章到第三章，我们说巴迪欧是在实现对哲学的拯救和重构的同时，实现了其在世的新哲学的建构，从理论内容上看，都是围绕事件、真理、主体三元结构展开的，分别构建了三位一体的本体论哲学和在世的新哲学。从理论方法上看，前者以一种柏拉图

① Alain Badiou, L'hypothèse communiste, Lignes, 2009, pp. 184 - 185.

主义姿态，采用的是数学式的论证方式建构了面向存在的数学本体论哲学，后者以一种观念的共产主义，更多的是面向现实世界本身，建构了面向世界（实存）的在世的新哲学，实现了其哲学的内在逻辑理路的演进。面对法国社会的发展现状，巴迪欧在其独特的数学化的思维的基础上，把马克思哲学放到先验的社会结构中去考察，从纯粹的数学化的推理过渡到对现实社会的结构的考察体现其哲学的内在逻辑的演进。因为巴迪欧意识到人很难长期运行在高度抽象的思想平台上，思维自身有着经验本能的维度，离不开经验和历史，巴迪欧作为关注现实社会发展状况的哲学家更是如此，巴迪欧俨然认识到虽然辩证思维下的纯粹思想把握无限理念，但还是得回到世界本身，回到日常生活本身，回归经验本身，这也是巴迪欧哲学实现内在逻辑演进的根本原因所在。因为在巴迪欧看来，纯粹的理论层面虽然为真理提供了平台，守护真理使其成为可能，但是追根究底还是需要回到事件，使其与现实连接起来，在现实社会中探索实现真理、自由平等的可能的现实道路，所以说，事件呼唤的哲学解释是时代精神将纯思与经验连接的桥梁。在此要强调的是，在这一内在逻辑的演进过程中，巴迪欧并没有放弃数学本体论，数学本体论仍是巴迪欧哲学思想的理论基础，数学式的严谨的逻辑论证方式一直是巴迪欧最重视的、科学的方法，是其理论建构所必不可少的，在《第二哲学宣言》中阶点理论和同一性函数的运用就证明了数学式的思考和论证问题的方式在巴迪欧实现哲学转向过程中并没有被抛弃，只不过前后的侧重点有所不同，前者比较集中地运用数学逻辑进行理论论证和证明，后者更多的是对现实的世界和人的关注，集中于对社会的批判和反思，在世界之中重新审视自己的理论，进而再实现哲学的非在到实存，《第二哲学宣言》仍是拯救哲学所作出努力的成果，同时对社会进行反思和批判，开辟实现人的自由和解放的道路。

通过以上三章的论述，我们明晰了巴迪欧哲学思想的理论基础，明确了巴迪欧对哲学进行了拯救和重构，并在此基础上进一步发展哲学，其间对巴迪欧的哲学思想有了较为全面的了解，接下来，我将立足于历史和现实的基础上对巴迪欧的哲学思想进行再思考，以期加深对其理论的理解的同时，发现其思想的局限。

第四章

巴迪欧哲学思想的再思考

作为“时代精神的精华”和“文明的活的灵魂”的哲学，它不是束之高阁的理论设想，而是有着真实的现实观照，能够在捕捉时代精神的同时自觉地对社会历史实践进行批判与反思。结合当代社会发展实际，我们也能够看到，哲学思维具有穿透经验的理论力量，具有深邃的洞察力，哲学思维作为基础思维为经验性的事物提供了哲学理念支撑，这都说明了哲学的有用性。哲学的意义在于打开一个新的思想空间，巴迪欧的以事件哲学为核心的哲学思想对哲学合法性这一时代问题做出了理论回应，其对哲学的拯救重构乃至进一步发展打开了真理发展的新的空间，他对以真理为核心范畴的哲学的拯救和发展对哲学合法性的证明以及未来哲学的发展都有着重要的意义。面对时下的哲学终结论，巴迪欧怀着对哲学命运的深切关切，通过在世的新哲学的建构，论证了当代哲学合法性的同时，对当代社会的发展也产生重要的影响。而一种理论的重要性，或者说它的学术价值，不仅在于其自身的思想多么深邃，更在于它为学术界增添了哪些新的思想，在哲学史坐标系中居于什么样的位置，其之于学术界又有着怎样的意义。为此，本章我们分别从巴迪欧哲学与经典马克思主义哲学以及当代社会的关系出发，对巴迪欧哲学思想进行再思考。

一　巴迪欧哲学之于经典马克思主义哲学

我们说，判定一种理论的学术价值，需要在学术史的理论坐标系中看其是否带来新的观点、新的方法乃至新的思维方式。对于巴迪欧哲学，需要我们从马克思的理论传统或理论坐标系中对其进行考察和研究，探索其学术贡献的同时或许也能发现其局限和不足。与巴迪欧同时代的哲学家都十分重视马克思、德里达主张，我们不能没有马克思，不能没有马克思的批判精神，他甚至认为，没有马克思就没有解构主义；德勒兹在一次访谈中也明确表示自己是马克思主义者，因为马克思的资本批判仍是我们时代的主题；巴迪欧认为，尽管时代发生了改变，但马克思始终是其最坚实的理论支撑，为其哲学体系的建构提供重要的思想来源，资本主义社会现实依旧是巴迪欧与马克思主义对话的桥梁，在其思想中我们甚至可以看到毛泽东思想的深刻印记。所以说从欧洲激进左翼的整体精神和价值取向来看，巴迪欧哲学也可在马克思思想谱系中确定其理论位置。为此，我们可以从以下三点讨论巴迪欧哲学思想与马克思思想的理论关联。

（一）理论起点：实践观点的思维方式

马克思的实践观点的思维方式是现代哲学和欧洲激进左翼思想的理论起点。高清海老师认为马克思哲学区别于传统的本体论化的思维方式，是一种实践观点思维方式，实践是双重否定的，一方面是客观物质的自在否定，如自然界通过优胜劣汰去实现自身发展的合目的性与合规律性的统一；另一方面，实践又是主观主体的盲目的否定，实践观点对世界的理解，有否定和断裂（本体自身有否定才有断裂），正是在双重否定（否定之断裂）中实现了实践的辩证发展。传统哲学总是要力求对整个世界给出一个永恒的、不变的本体论的基点，对世界作出终极解释，而马克思哲学是在人的实践和历史生成中去理解自身和理解世界，开启了现代乃至后现代哲学的思维方式，所以高老师以及刘放桐老师都认为马克思哲学是现代哲学的起点，因为它从根本上改变了传统哲学的思维方式。马克思是通过黑格尔从根本上改变了西方哲学的实践概念，黑格尔在《精神现象学》中第一次发现劳动陶冶事物的自由要素，劳动给予物赋形，劳动是人的自由本质的对象化，并且使劳动者意识和确证自己的自由本质，黑格尔著名的主奴关系的辩证法把物质生产劳动把握为实践理念的环节，为马克思实践观点的思维方式奠定了基础。马克思的哲学革命，一定意义上也是劳动和实践观点的革命，马克思一方面继承了黑格尔对劳动的肯定的理解，即劳动是人的自由自觉的活动，是人的自由本质的对象化和自我确证，进而提出人也按照美的规律生产，奠定了实践论美学的理论基础；另一方面马克思也批判了黑格尔的劳动观，指出了在私有制条件下劳动的否定方面，即异化劳动。在我们看来，马克思的异化劳动理论是全部现代哲学资本主义批判的理论源头，对巴迪欧哲学亦是如此。异化劳动不仅揭示了对工人阶级劳动的强制和桎梏，劳动对生命的压榨和摧残，而且可以说揭示了一种一般意义的自由自我否定的辩证法，它为我们批判现代资本主义提供了一种具有范式意义的理论模型，巴迪欧哲学的理论批判似乎并未超越这一理论范式。在雇佣劳动条件下，工人劳动的产品反转过来成为奴役工人的强大力量，从而使自由的劳动成为强制的不自由的活动，使劳动者与自己的本质相异化，自由的劳动自我否定为奴役。注意这并不是哲学概念的推演和思辨，而是资本主义制度下劳动作为事情本身的内在自我否定的辩证法，是活生生的现实历史过程。马克思之后西方哲学的广义批判理论进而揭示了文化的异化，技术的异化，生命政治的异化等等，其共同的逻辑是自由的自我否定，即人的自由创造物反转过来对自由的否定和剥夺。

巴迪欧哲学思想继承了马克思主义哲学的实践性和批判性。在借鉴马克思实践观点的思维方式的基础上，巴迪欧主张“真理的轨迹是实践”①，这与马克思的实践检验真理的内在发展逻辑相一致，巴迪欧的真理也是在革命实践中生成并接受实践的检验。巴迪欧哲学的实践性在他的事件哲学和主体理论中有所体现。作为巴迪欧哲学的核心范畴，事件哲学得到了巴迪欧较为细致的阐述，展现了他的哲学体系的严谨性和逻辑性，通过对事件哲学的内涵、实质及其作用的阐释我们发现，事件哲学更多地致力于通过哲学思辨去解释世界，呈现的是理论逻辑的运演，但对于迎接事件、忠于事件的表述也有着实践因素在其中，事件的断裂，事件轨迹的遵循都饱含实践特性。以如火如荼的“五月风暴”事件为例，这是巴迪欧视域中具有特殊意义的政治实践，作为“五月风暴”的亲身经历者，可以说1968年“五月风暴”对巴迪欧思想的形成和发展产生了较大的冲击和影响。他深刻认识到，要走出单一的书斋中的理论教育，投身到革命运动中去，应该在现实的具体的行动中去寻找理论，只有在革命运动中才能开辟通向未来社会的道路，探寻人的新的生存和发展境遇，这也就印证了巴迪欧最欣赏的马克思的经典格言：“哲学家们只是用不同的方式解释世界，而问题在于改变世界。”② 鉴于此，巴迪欧也立足于在人的实践和历史生成中去理解自身和理解世界，体现了马克思实践观点的思维方式对巴迪欧哲学的影响。在马克思异化劳动理论的影响下，巴迪欧从法国社会的现状出发，分析了“五月风暴”爆发的原因，统观当时的法国，表面上看经济快速

① Alain Badiou, *Being and Event*, trans., Oliver Feltham, London. New York: Continuum, 2005, p. 430.

② 《马克思恩格斯选集》第1卷，人民出版社2012年版，第140页。

发展，社会空前繁荣，但是实质上存在着制度腐败、社会不平等和贫富差距悬殊等一系列问题，整个国家关注的是经济的增长和生产的发展，忽略了人的生存和发展问题，长此以往，人们内心的不满和愤怒慢慢滋生，反抗情绪爆棚，在这样的社会大背景下，经济增长是整个社会和个人的首要目标，评价国家的唯一重要的客观性标准就是生产和消费的增长，至于人是什么，人应该怎样发展，人应该生活在什么样的世界中等有关人的生存和发展的问题都被自然地忽视，人们对此问题的探讨甚至被说成是对无聊的现实的质问，人们的劳动也反过来成为控制自己的异化劳动，成为一种否定性的力量，使人丧失自由个性，在这样的生存状况下，“五月风暴”一触即发。可见，马克思的异化劳动理论也是巴迪欧进行资本主义批判的理论源头。鉴于此，巴迪欧指出，“五月风暴”的爆发在资本主义平滑结构的表面撕开了一道裂缝，虽然裂缝最终被资本主义当局所缝合，但是也使人们看到了改变现存秩序的可能性的希望，那就是在新的资本主义条件下探寻新的革命主体，重构左翼理论以在新维度上反抗资本主义统治。

马克思实践观点的思维方式也一定程度上影响着巴迪欧的主体理论。经历过革命实践的巴迪欧十分关注主体问题。将主体理论视为其唯物主义理论的核心，受马克思实践观点的思维方式、“毛主义”革命理论和拉康的“无意识主体”理论的影响，巴迪欧创造性地建构了自己独特的主体理论。从主体产生方面看，主体是后事件性的产物，事件之前主体是不存在的，不存在任何先在性的主体范畴。结合巴迪欧理论的政治旨归，我们说巴迪欧的主体更多的是政治主体、革命主体，革命主体形成于革命事件之中，革命事件之前，革命主体没有固定的范畴和形式，没有预定的身份，只有在革命运动之后，主体才得以呈现，由此看出，巴迪欧的主体理论是一种行动理论。经历过“五月风暴”的巴迪欧对此更加坚信，他主张，在“五月风暴”的政治运动中，作为革命主体的是学生、教师、记者、专栏作家等而不是所谓的“工人阶级”，他们在革命运动中将自己塑造成一个革命主体。这对于冲破资本主义的情势状态，撕裂资本主义的平滑的外表，颠覆既有的资本主义框架具有重大的价值和意义，也正是在断裂处，主体才作为主体出现了。可见，巴迪欧的以事件开启革命契机的革命运动中的主体理论，是对马克思主义的批判性建构，相对于继承来说，这一点更加难能可贵，这给未来的革命以及人类的自由解放带来了希望，因此我们说，对于巴迪欧而言，对马克思的思想最彻底的坚持就是让马克思在行动中去生成，打破其既定的、原有的形式，让马克思主义的新芽在真正的革命运动中生成，保卫并践行马克思主义。在资本主义新时代，巴迪欧探索出忠于革命实践活动的主体理论，践行马克思主义的革命理论的同时，也是对传统的马克思主义的新时代境遇下的发展。正是在这个意义上，人们把巴迪欧看作一个不断生成和涅槃的“后马克思主义者”，至于如何在当代实现马克思主义，在巴迪欧看来，只有政治的和革命的主体，才能将马克思主义的旗帜传播下去。

（二）理论内涵：社会存在本体论

马克思的社会存在作为给定的先验社会结构一定程度上构成了巴迪欧理论批判的具体内涵。我们说马克思哲学是历史的本质的统一，呈现给世人的是自由自我否定的理论模型，这是因为马克思继黑格尔之后给予了哲学范畴以具体的历史回答，哲学范畴具有了历史性的文化内涵，这从根本上说是工业革命以来世界历史的巨变给予了哲学真正的历史性维度，从此，哲学的认识论必须是把历史纳入其中的历史认识论，存在论是必须有社会存在的历史存在论，辩证法必须是社会历史的辩证法。马克思的唯物史观以宏伟的范畴框架把人类社会纳入哲学反思的逻辑中，它关于社会存在和社会意识关系的原理，社会基本矛盾运动推动社会发展的原理等，为把握无限复杂的社会有机体提供了思想的指引。仅就社会存在概念说，它是每代人创造历史的既定前提，是每代人必须面对的既定的先验的社会构架，它不仅是给定的物质资料生产的物质条件和生产力水平，而且是包括制度、观念等传统的先验框架。我们甚至可以说，每代人都是以被自己所属的历史传统编好程序的头脑开始认识和实践的。我们的认识和思考，我们的价值态度和偏好，都是被既定的社会存在作为先验的结构所铭写和镌刻。由此，我们可以想到，要跳出自己所属的传统进行反思、批判和革命是何等的艰难，我们应该对马克思等这样的革命家、思想家充满敬意。马克思唯物史观的重要贡献是为我们从宏观上理解社会存在建立起范畴的指引，而要细致准确地描述和揭示这一先验框架的具体内涵，仍需社会学、历史学、语言学和文化学等具体科学视角的专门考察和研究。而以一种批判反思的视角具体揭示这种先验结构的压制和统治，我认为是后现代主义哲学特别是欧洲激进左翼思想家们重要的理论贡献。巴迪欧的哲学经历了数学本体论到在世的新哲学的内在逻辑的演进，从注重单纯的数学逻辑的运演到更加关注世界和人本身，特别是在新时代的资本主义制度体系下，人们怎样生存、怎样生活成为现今巴迪欧所关注的重点问题，这不乏掺杂着社会历史因素对其的渗透和影响。巴迪欧哲学中的事件的断裂性、主体的生成性、真理的实践轨迹等都是在革命的实践中得以完成，不是仅仅依靠理论建构就能实现，因此，巴迪欧也被人们称为激进的左翼马克思主义者。巴迪欧还说："在今天，仅仅保卫马克思主义就意味着保卫一种羸弱，我们必须去实践马克思主义。"① 由此看出，巴迪欧的哲学理论也有

① Alain Badiou, *Theory of the Subject*, trans., Bruno Bosteels, London. New York: Continuum, 2005, p. 182.

着现实维度和实践旨归，现实测度和时代诊断始终是其理论的出发点和落脚点。面对苏联社会主义阵营的解体和左翼革命者的右转，马克思主义遭受冷遇的境况，巴迪欧深感保卫马克思并践行马克思主义的重要性。在全球资本主义发展的大浪潮中，我们需要马克思理论的指导，更要在现实的革命运动中去实践马克思主义，使马克思主义永葆青春与活力，进而不断推进马克思主义发展的新高潮。

进入资本主义新时代的巴迪欧更加注重社会历史因素在其理论建构和发展中的重要作用，他的哲学被现今学界概括为思辨唯物主义，不同于经典唯物主义的理解，即把唯物主义理解成历史唯物主义和辩证唯物主义的总和，历史唯物主义是辩证唯物主义在历史领域的应用。巴迪欧认为对于两者的区分应该内在于辩证唯物主义之内，两种唯物主义并非对称的，既不能简单地把历史唯物主义看作辩证唯物主义在历史领域的应用，也不能强硬地将辩证唯物主义纳入历史唯物主义的框架之下。辩证唯物主义作为一种新的理性形式在巴迪欧那里具有更大的价值，正是基于这个新的理性形式，马克思实现了与黑格尔式的意识形态断裂，其《资本论》才得以探索出作为社会形态发展科学的历史唯物主义，鉴于此，巴迪欧指出，辩证唯物主义是科学的方法论和认识论，为所有科学的科学性奠定了基础。巴迪欧所声称的辩证唯物主义被当代欧陆和英美哲学界概括为“思辨唯物主义”这个新的名词，面对20世纪80年代以来的唯物主义学说遭受的巨大挑战，巴迪欧提出的思辨唯物主义可以说是为经典唯物主义学说加入了全新的内涵。一方面避免陷入以往的以抽象的物质概念为核心的庸俗唯物主义，另一方面，对于现代怀疑论和智术对唯物主义哲学根基的消解也起到一定的抵抗作用。同时，巴迪欧反对“一切坚固的东西都烟消云散了”的说法，对于相对化和碎片化的状态以及外在救赎的神学的方式采取拒绝的态度，主张用一种内在性的方法去面对和思考问题，这就保证了从一种绝对的唯物主义的根基本身来思考问题的方式。同时，巴迪欧创造性地将马克思的唯物主义与拉康的“想象—象征—真实”的三元结构结合起来，构建了其事件、主体、真理三位一体的本体论哲学，也建构了一种全新的唯物辩证法。他指出，事件的发生也使得真理被打了一个洞，在原有的真理破灭后，人们所面对的不仅仅是真理的碎裂，而是要在这个破碎的真理之上建立新的真理，这就需要在新的事件中凝聚群众的力量。从这个意义上讲，也可以说法国当代马克思主义更新了马克思的唯物辩证法，时下人们不再局限于概念化的社会存在和生产方式，而是充满裂缝的事件，辩证法在巴迪欧的事件、主体、真理的三元结构中展开并调整自己的逻辑方向。上文我们也提到，巴迪欧哲学不是要建构一个大全式的数学本体论，他的数学本体论的架构在根本上是为后来的以事件、主体、真理三元结构为核心的元本体论（让本体论成为可能的东西）来开路的，这是思辨唯物主义的内核。巴迪欧在《辩证唯物主义（再）开始》中也指出，数学式的、形式化的规则能够为马克思的辩证唯物主义传统提供逻辑保障。可见，马克思的唯物史观在欧洲激进左翼思想中也得到一定程度的传承，为巴迪欧哲学提供了重要的理论基础。

同时我们也要看到，马克思所谓的唯物是回归社会现实，即让抽象的分析回归到此岸世界上来，从社会现实的层面来建构他的“思辨唯物主义”。如马克思之所以热衷于对当时的资本主义社会条件下的政治经济学进行研究，正是因为他将其看成是最大的社会现实。巴迪欧则相反，对于巴迪欧来说，他将唯物主义的“物”界定在真实而非现实的基础上，那么唯物主义的物变成了一个始终被社会现实所掩盖的缺席的真实，也正因为如此，巴迪欧坚信，主体对建立在真实基础上的事件的忠诚是开启真正唯物主义的密匙，而可以撕开那道帷幕的就是断裂的事件，忠实于事件就是忠实于真实，即一种走向真正唯物主义的道路。由此看出巴迪欧所谓的思辨唯物主义某种程度上缺少现实的历史的维度。

（三）理论方法：马克思主义哲学的辩证法

统观哲学史，辩证法的发展史，黑格尔的绝对精神的辩证法体现的是思想的自我否定，思维规定（规律）的否定性，思想的自我否定可以称为思想活动本体论，主张排除（否定）一些东西，因而才能有自由；马克思的哲学是吸收了黑格尔辩证法的合理内核和费尔巴哈的唯物主义基础上的具有推动、创造力量的实践哲学。在理论上看，马克思的理论仍然是黑格尔的，在肯定的理解中包含着否定的理解，故被称为“批判的武器”；同时，马克思的理论又是超越黑格尔的，它致力于无产阶级的革命实践，依赖于新的革命力量，因而又是“武器的批判”。面对全球资本主义的新时代，经典马克思主义仍保持着最强大的解释力量，马克思的政治经济学批判和资本批判仍是我们理解当今世界的最有力的思想武器。马克思早在德法年鉴时期就提出“通过批判旧世界发现新世界”① 的口号，在《资本论》的第二版“跋”中明确宣称辩证法在本质上是批判的、革命的。孙利天教授在《辩证法与后现代主义哲学》一文中曾认为，后现代主义哲学是拆解的、否定的、摧毁的辩证法，它的积极意义是不断揭示出当代资本主义的统治、控制和压制的结构和力量，始终保持着自由和解放的向往和追求，它的困难是找不到反抗和解放的现实道路和条件，仍需要马克思的辩证法为其提供借鉴和指导。同时我们说，马克思的辩证法作为“合理形态”的辩证法也深远地影响着西方广义批判理论的发展，马克思的资本批判着眼于资本逻辑的宏观结构，但它必然蕴含着巴迪欧哲学观的实际的和理

① 《马克思恩格斯全集》第 47 卷，人民出版社 2004 年版，第 64 页。

论的潜能，资本批判的典范也对巴迪欧哲学具有直接的启示和引导意义。在哲学观方面，事件哲学一直被学界公认为巴迪欧最重要的思想，因为事件是通往哲学的核心范畴——真理大门的一把密匙。彼得·霍尔沃德说："巴迪欧的事件哲学本身就是当今法国思想中的著名事件之一。"① 吕清平也曾给出这样的评价，认为："巴迪欧的事件哲学是当代西方左翼理论建设性转向的标志，是巴迪欧对思想史的核心贡献。"② 巴迪欧将哲学定义为"事件哲学"。事件作为巴迪欧哲学的核心概念，是对原有情势的断裂，这一断裂体现其理论的否定性诉求的同时，也构成了一种建构性的起点。事件哲学作为巴迪欧哲学思想的核心范畴，彰显的是巴迪欧的批判与反思精神，体现了辩证法的批判、否定、超越和生成的本性，表现为消解与重建、否定与生成的辩证统一。笔者认为，事件就是断裂和否定，展现了巴迪欧哲学思想创造中内含的生命自身自否定、自生成的辩证特性，也体现了"思维与存在"关系中一种本体论的断裂，因为有否定才有生成和发展，才有人的自由和思想的否定空间，有生成和发展也才能有哲学范畴的运动和生成的可能，巴迪欧事件哲学的否定和生成的辩证性为其思想发展创造了自由的空间和无限的可能。

统观巴迪欧的哲学思想，在哲学终结论语境下，巴迪欧书写着自己的"哲学宣言"。对于当代法国哲学，巴迪欧肯定其在哲学发展史的地位和贡献，但与此同时，他对反哲学家们的哲学终结、哲学死亡的论调又是十分反对的，主张给予强烈的抨击和批判，在巴迪欧眼中，批判和否定不是哲学的全部，对于资本主义发展现实，

---

① Peter Hallward, *Introduction to Badiou: A Subject to Truth*, Minneapolis. London: University of Minnesota Press, 2003, p. xi.

② 吕清平、蔡大平：《西方学界关于巴迪乌思想研究综述》，《国外理论动态》2010 年第 6 期。

哲学对其进行反思批判的同时也肯定了其对社会生产力发展所做出的贡献，巴迪欧的“哲学宣言”是要坚守一种思维的辩证法，即在肯定中有否定，在否定中有肯定，是两者的辩证统一。巴迪欧从数学本体论到在世的新哲学的内在逻辑理路的演进体现了其哲学的消解与重建的统一，符合辩证法的既要寻求和建构无限理性的原则和理论形态，又要不断地消解这种绝对理性的僵死性的本性。同时，按照我们通常的理解，充实完满的东西体现的是一种连续性，是肯定性的表现，事件的断裂则是打破了这种完满的连续性和肯定性，体现的是反常和断裂的否定性。而否定性之所以通过反常和断裂打破原有的完满和连续，是因为事件使得主体凸显，主体的自由产生于本体事件的断裂之中，因此，事件的否定性诉求，构成了主体的建构性的起点，这体现的是一种生成性典范。故有学者称巴迪欧的事件哲学是断裂的本体论（本体论裂隙）。事件是既有情势的断裂，通过主体的命名来重建自身的位置，这一过程也预示着一种建构，巴迪欧通过事件对原有情势的打破揭示的是真理的出场，真理是事件的结果和目标性指向，事件的视角在于联结普遍性与特殊性。也就是说，事件在打破原有既定情势之后，通过主体的命名来维持自身的同时，还促使新的普遍性真理的产生。所以说，真理是断裂性的事件的结果，断裂性的事件创造性地建构了真理，即，是事件使真理发生，使哲学存在，这也构成了巴迪欧的事件、主体、真理三位一体的哲学本体论的建构。事件是既定情势中自己为自己命名而得来的，随着原有情势的断裂，事件突发而产生，这一过程体现了情势的消解和事件的建构的统一。断裂前，事件体现为情势的空，是一种潜在的非在的状态，断裂后，事件由情势的空转向非空的真实的存在，通过突发性的断裂，事件得以现实地存在，这一过程也体现了否定与肯定的辩证统一。

同时，巴迪欧哲学还是否定与生成的统一，黑格尔辩证法是否定与生成、生命与精神统一的辩证法，具有在自我矛盾中自我分化、自我建构自身的内在的历史性。这里需要强调的是，虽然巴迪欧哲学是反黑格尔的，但对于其理论的辩证性，巴迪欧有着某种断裂式的继承。以一个个体的人为例，我们可以有两种说法，一种是今日之我等同于昨日之我，因为我作为一个独立存在的个体，有着自己独特的身份特征，如姓名、性别、长相特征等人自身潜含的丰富性的规定，即使过了一天，这些规定性仍然天然决定着我还是我如此那般的存在，我是具有同一性和潜在丰富性的我。但是我们也要看到另一种情况，那就是今日之我非昨日之我，为什么这么说呢，儒家有这样的说法，那就是苟日新，日日新，又日新。的确，随着时间的推移，世间万物都处在不断更新变化之中，人这时作为潜在的定在，随着时间的推移获得了新的逻辑规定性，这包括人的精神性和社会性规定的增加等，如一个人的升职加薪使其有了新的规定性，所以说今日之我非昨日之我，今日之我是对昨日之我的扬弃、否定与超越，实现了主体自身自我否定、自我发展，这一过程也体现了人在自我矛盾中自我分化、自我建构自身的内在的历史性。从黑格尔的辩证法出发，笔者发现巴迪欧的事件哲学也体现了否定和生成统一的特性。事件作为对原有情势的断裂是对原有情势的否定，进而生成新的情势，这是事件在矛盾中自我分化、自我建构自身的辩证过程。具体我们从事件的概念、内涵、特性以及其与现实世界的关系等方面对其进行详细的分析。就“事件”概念来看，动词事件展现的是动态的到来中的过程，名词事件强调的是一种发生的结局和结果。巴迪欧的“事件”体现了事件的“到来中”的自我生成的特性，即一种突发的动态的生成，这体现了事件的生成的特性。事件就是让“不可能”来到我们面前，这种不可能也意味着不可预测性，因为事件的发生是没有任何征兆的，是偶然的，出乎人们的意料之外的，正如巴迪欧经常列举的法国大革命，人们万万没有想到“攻打巴士底狱”这样的偶然事件会引发一场空前的法国大革命，正是在否定性的暴力革命中，工人阶级铸就了自己的主体地位。巴迪欧在《共产主义假设》中指出，主体在事件之前是不存在的，只有当他们通过自己的行为操作介入事件中时，主体才开始存在，于是，事件就是“非存在的存在”①。这个表达看似有些悖论，但这也正体现了巴迪欧的辩证法所要达到的效果。就事件的内涵而言，巴迪欧认为，事件哲学内涵的否定与生成的张力预示着事件哲学具有未完成的开放性：辩证的否定不是外物的否定，而是事物的自我否定，自我超越，因而同时也是对自己的肯定。事件突然发生并转瞬即逝，它总是以这样或那样的状态呈现在人们面前并为人们所感受，例如转瞬即逝的流星、地震等无法预知的灾难性事件等。对于事件的发生在巴迪欧看来是无法预知的，因为事件是内在的自我生成的，任其所成而成，任其所立而立，具有独特的不可化约和不可归类性，这恰好体现的是生命自身内在活力的展现，事件的发生就是旧有的生命状态趋向新的生命状态的过程，因此生命也通过突发的事件展示其固有的活力，在不断的自我否定中自我生成，实现自己的无限的、未完成的开放性。当然，这离不开事件内含的张力及其极端的不稳定性，这构成了事件存在、更新和自我超越的动力源泉，也决定了事件的突发性显现的特有属性，显现出其特殊身份所具有的无可征服的威力。结合事件的特性，我们发现事件还是在自我矛盾中自我分化的。事件具有偶然性，突发性，它转瞬即逝在世界留下痕迹，自我矛盾体现在断裂是自发产生的，产生后又不能保留，需要主体遵循痕迹去把握事件，也就是说，对于事件自身我们无法把握，只有透过其留下的痕迹才能使事件得以被把握和阐释。同时，事件的目标是获取情势的真理，在断裂当中人

① Alain Badiou, L'hypothèse communiste, Lignes, 2009, p. 173.

们正视并改善原有既定情势的不足，探寻更加完满的、普遍性的真理。因此我们说，巴迪欧哲学以事件为起点，其最终目标是获取真理，这也体现了事件的自我建构自身，实现了目的性与手段性的统一。

要说事件哲学的辩证性在辩证法坐标中增添什么新东西，笔者认为是数学思维在辩证法中进行了应用，在《存在与事件》和《世界的逻辑：存在与事件 2》中，巴迪欧将存在论与数学思维画了等号，指出数学思维具有“自我呈现”的特性和内在动因，这构成了哲学思维的基本动力，数学思维在辩证法中的应用使得哲学摆脱传统形而上学的窠臼，恢复其自身发展的创造性活力，事件也因此展现了其自身固有的能动的生成的性质，因此也可以说，事件的断裂和否定也体现了“思维与存在”关系中一种本体论的断裂，因为有否定才有生成和发展，才有人的自由和思想的否定空间，有生成和发展也才能有哲学范畴的运动和生成的可能。

二　巴迪欧哲学之于当代社会

巴迪欧哲学在理论层面所作出的不懈努力是巴迪欧运用辩证或者说思辨思维的结果。但是我们也要看到，人很难长期运行在高度抽象的思想平台上，思维自身有着经验本能的维度，离不开经验和历史，巴迪欧作为关注现实社会发展状况的哲学家更是如此，巴迪欧俨然认识到虽然辩证思维下的纯粹思想把握无限理念，但还是得回到世界本身，回到日常生活本身，回归经验本身，这也是巴迪欧哲学之所以实现其数学本体论到在世的新哲学的内在逻辑演进的根本原因所在，因为在巴迪欧看来，纯粹的理论层面虽然为真理提供了平台，守护真理使其成为可能，但是追根究底还是需要回到事件，使其与现实连接起来，在现实社会中探索实现真理、自由平等的可能的现实道路，所以说，事件呼唤的哲学解释是时代精神将纯思与经验连接的桥梁。尼克·胡列特指出，巴迪欧的哲学和政治实践的中心聚焦于被压迫者的反抗，其哲学以事件形式的革命呈现，因此说“巴迪欧是在马克思主义模式下成长起来的”①。鉴于此，在这一部分，我将探讨巴迪欧哲学与当代社会的关系，主要立足于其与当今世界的政治实践、资本主义新时代的资本逻辑的统治之间存在的关联，明确巴迪欧哲学之于当代社会有着哪些理论和实践的借鉴意义，同时分析其哲学思想的局限性，以期达到对巴迪欧哲学思想的全面的认识和了解。

（一）巴迪欧哲学与世界政治实践

到20世纪六七十年代，世界范围的反殖民主义斗争取得了决定性的胜利，和平和发展成为新的时代主题。有的史家注意到，欧洲左派和青年知识分子的社会良知和社会理性助推了反殖民主义的斗争，他们意识到自己富足的生活是建立在对殖民地的剥削和掠夺的基础上，这种道德的反省和自觉及其大规模的社会造反运动加快了殖民体系的瓦解，欧洲知识分子在第二次世界大战之后还必须面对一个更为痛苦的历史哲学课题，即文明的欧洲为何会有纳粹的兴起，奥斯维辛大屠杀之后如何再有诗，再有哲学？这种文明的反省一方面把矛头指向以黑格尔为代表的传统哲学，阿多诺、利奥塔等认为同一性哲学是死亡哲学，形而上学是极权主义和专制主义的思想根源，形而上学是恐怖哲学，它用某种同一的终极标准对非同一、差异性和多样性等造成合理的压制和专制；另一方面以汉娜·阿伦特（Hannah Arendt）为代表，反思纳粹的暴行得以实施的政治

---

① 杨晓蓉:《政治作为思想：阿兰·巴迪乌政治理论的矛盾性》,《国外理论动态》2008 年第8期。

心理和文化根源，她提出“平庸的恶”，即一种非反思的、服从的、从众的无愧疚的作恶，它是制度性、普遍性的恶行，阿伦特强调压制于劳动、工作的政治行动在现代社会的特殊意义，把行动能力视作自由的确证和实现，由此，推动了欧洲政治哲学的兴起。随着殖民体系的崩溃和和平时代的到来，世界历史似乎进入一个美好的时期，但人们很快发现这个新时代是资本全球化的时代，旧的殖民体系不存在了，新的经济殖民时代却到来了，获得独立的前殖民地国家首要的任务是发展，发展成为新政府的政治合法性基础。而要发展就必须利用发达资本主义国家的资本和技术，资本的逐利本性具有极强的灵活性和投机性，它总是能最优地实现与发展中国家的具体实际相结合，把资本的逻辑和治理技术拓展到全球，形成哈特和奈格里所说的强大的“帝国”。基于事件哲学，巴迪欧指出资本逻辑统治下的当代世界更是一个充满突发事件的极端无序、不稳定的世界。如苏联解体、东欧剧变以及“9·11”事件等这些极端无序、不稳定的事件呈现的是我们生活世界的脆弱与暴力。巴迪欧看到了新时代资本主义统治的现实状况，从社会现实出发，主张对既有资本主义模式进行反思和批判。我们说巴迪欧的批判更多的是政治批判，这是其哲学理论的最终政治旨归。具体体现在巴迪欧的区别于一种政治的元政治学理论当中。巴迪欧的目的是通过区别一种政治与元政治，批判一种政治，从政治自身进行思考，去建立一种真理程序之政治，即元政治学。而要想实现元政治——真正的普遍性的政治，在巴迪欧看来，必须与国家保持距离，使政党和群众挣脱国家的束缚。我们说巴迪欧思想最终是要为其政治理想服务的，即实现自由和平等，这一方面与巴迪欧的左翼身份密切相关，另一方面也是其哲学思想的现实表征，表现为对现实资本主义社会的批判性反思。结合巴迪欧的左翼身份，我们可以看到其左翼思想的特征，首先是批判性的，对当下社会的状况持批判的态度，这种哲学态度使得巴迪欧反对经验教条，而是对历史时代持永恒批判的态度；此外，左翼不仅仅体现为一种态度，更表现为一种诉求，这个诉求的实质性内核就是争取更充分的平等，追求平等主义的社会。巴迪欧的思想立场与此相符，其哲学的批判反思精神以及否定生成、消解建构等旨归都是为了实现其哲学理想，落脚于政治诉求即实现自由与平等的社会理想。但是巴迪欧也敏锐地察觉到现今激进左翼正遭受冷遇，原因可归结为资本的物化、权利的规训、意识形态的唤询等主流意识形态的潜移默化，同时，人们惧怕对于此岸世界来说是不可能的东西，今天大多数知识分子接受了这样一种意识形态敲诈，即对于资本主义国家而言，除了代议制民主，再也没有什么体制是可以接受的了，可以实行的了，或者说，资本主义可能不是最好的，但是却是唯一可能的，因此要拒绝一切激进的东西。巴迪欧指出，当代社会正处于资本主义庞大的机器和体制的统治之下，想要与之抗争，以往的被解构的碎片化的、分散性的力量已经不再适用于此，人们需要做的是建构性的工作，团结起来寻找凝聚性的革命力量，即寻求让多凝聚成一的力量。巴迪欧举例“占领华尔街”运动就是将“多”重新凝聚起来的典型事件，这一事件实现的是对现有秩序的打破，开辟的是新的革命性的力量。

巴迪欧与全球资本主义秩序进行激烈的反抗，探讨新的变革既有秩序的主体问题，通过其主体对事件和真理的忠诚的激进哲学重新举起左翼的真理的大旗。用事件性的真理来满足普遍真理和永恒真理的设定。西方马克思主义和欧洲左翼的理论传统中始终有对主体、文化和政治权力的高度关注，我们认为这是由欧洲的工人运动的历史特点所决定的。当工人阶级和社会底层有较高的教育和文化水平后，马克思主义和左翼理论要争取群众，就必须改变简单机械的历史决定论的马克思主义理解，而必须要更加贴近工人阶级和广大群众的社会心理和主观感受，阶级主体意识、文化领导权、文化批判和政治运动等，必然成为理论的核心。经典马克思主义的政治经济学和资本批判是科学社会主义的理论前提，它主要是科学地分析资本主义生产关系的实质及其历史演变，得出资本主义因其内在矛盾发展而必然灭亡的科学论断，是科学的经济学理论，是科学社会主义政治行动理论的经济学准备，因此，巴迪欧的元政治学对资本主义制度的社会本体论的揭示和分析，是对马克思资本批判的继承和拓展，是对资本主义新时代的理论批判和自觉，从而具有重要的理论价值和时代意义，巴迪欧的元政治学、政治批判不仅一般地拓展了资本批判的政治学维度，更为重要的是捕捉到了资本主义国家治理技术的时代特点和新的历史变化。按照经典马克思主义的政治学原理，资本主义国家的实质是资产阶级的统治工具，它用物质的暴力工具军队、警察、法庭等实施阶级统治，同时也用思想的上层建筑即意识形态以实行思想的统治和控制。巴迪欧元政治学的理论贡献是，一方面揭示了物质的和观念的统治如何以伦理和权力的交织形成意见和真理混淆的复杂境地，另一方面揭示出哲学被计数、经济、法律、道德等绑架，哲学与伦理、道德评价相关的超验性变化造成了当今时代局面的混乱。在日益“文明”的外表下，资本主义的国家治理技术在理性、科学高效的人口、健康、寿命等的管控中，全面地渗入社会的毛细血管，以无所不在的政治权力控制了人们的生命。更为可怕的是，如阿甘本所揭示的资本主义国家具有“例外状态”的决断权力，并且使“例外状态”成为常态，使人们成为毫无政治权利保障的“赤裸生命”，成为资本主义国家机器的祭品或“牲人”。元政治学对当代资本主义社会的政治技术的解释和批判，表现了当代欧洲左翼高度的政治自觉，为我们理解和批判当代资本主义的政治现实提供了值得借鉴的成果。巴迪欧元政治学对政治技术的控制的揭示无疑具有政治启蒙和政治自觉的理论意义和政治解放的意义。

我们说巴迪欧哲学有着深刻的政治关怀，他的哲学旨趣不限于解释社会，更多的是改变社会，通过政治上的革命实现人类的自由和解放，因此巴迪欧反对吉登斯所谓的生活政治，坚持解放政治，因为解放政治指向属于与包含于、结构与元结构、情势与情势状态之间的裂缝，其最终的目标是实现平等，至于如何实现，巴迪欧主张与国家保持一定的距离，使国家的权力得到控制和衡量，也只有这样，才能实现我们追求的普遍性的真理，即走向普遍性的“大写的一”，实现解放政治的理想。而政治的解放离不开个体主体的力量，因而巴迪欧还进一步探索了现今时代下新的革命主体，去实现其解放政治的需要，体现了一种事件哲学的生存论关怀，也是辩证法的生存论特征的体现，同时，我们也要看到，辩证法不仅仅是一种理论上的逻辑方法，它也是精神教化的实践、交往和对话的话语实践，它还体现了一种“人生态度”，即超越、批判和创新的态度，以此为支撑去实现人的自我解放的理想，当然，这需要一种本体论的信念的支撑，使得人在自我创造中制约自身、发展自身。巴迪欧的事件哲学就是这种辩证法的人生态度的一种体现，面对当下法国人民的生存状况，巴迪欧用其事件哲学理论发出呼喊，主张把人们从虚假的意识形态中解放出来，使人从难以回避的伦理冲突中解放出来，通过对现存世界的批判去提升人们的精神境界，通过哲学表达去实现人的生命精神的更新。通过此，人们力争实现在功利主义和理想主义之间保持一种张力和平衡。

（二）巴迪欧哲学与资本主义新时代

黑格尔称哲学是思想中把握到的时代，马克思也把真正的哲学看作时代精神的精华，新的有价值的哲学理论必定与所处的时代密切相关。巴迪欧哲学观是 20 世纪晚期以来特别是近些年来欧洲左翼日益产生重大影响的新理论，它表达了什么样的新的时代精神和内涵？对当今资本主义新时代的发展有着哪些有意的指导和借鉴？资本逻辑统治时代下，哲学有哪些出路？这是本部分要探讨的重点问题。

上文我们提到，我们当今所面对的现存世界、现存社会和现存生活最直接的就是由资本主义大工业塑造“新时代”的世界、社会和生活。资本逻辑的统治和技术异化充斥在人们的生产生活当中，巴迪欧指出，现今的世界处在资本抽象的统治当中，正是无处不在的资本统治致使我们的生活世界一系列病症的出现。巴迪欧洞察了世界的发展状况，指出当资本统治带来生活世界危机的同时也使得哲学陷入危机，对于危机的认识有助于世人对生活状况的明晰和考察。在资本统治的世界中，资本逻辑反客为主，成为控制人的主体，人则从理性自律与自我行动的主体变成受资本统治的客体，资本逻辑的这种“反客为主”消解了人的主体性。同时由于资本不表现为实体化的物质对象，体现为追求价值增殖的“过程”和“关系”，因此人们对于资本的决定作用和统治力量的发挥是意识不到的。那么问题来了，处于资本逻辑统治中的主体该如何摆脱资本逻辑的统治？退一步讲，如若存在着资本逻辑统治之外的部分主体，部分主体由于利益诉求各不相同，如何将他们聚集起来担当起反抗与革命的重任，对于这些问题的澄清构成了巴迪欧等左翼激进思想家争论的焦点。

通过分析当代社会的发展现状，巴迪欧指出资本逻辑统治下的世界是充斥着矛盾和异化的世界，近半个世纪以来，以微电子学和信息技术为基础的新科技革命，带来了新一轮的产业革命，它全面而深刻地改变了人们的生产和生活，带来了人们的交往方式、消费方式和休闲方式等生活方式的深刻变革。按照维特根斯坦的看法，生活形式与说话方式和思维方式是一致的，生活形式的改变同时也是说话方式和思维方式的变革。科学技术是一把双刃剑，新科技革命在推动社会生产力快速发展和人们的生活水平日益提高的同时，也带来了许多新的社会问题，特别是在科学技术的发展从属于资本增殖逻辑的资本主义条件下，技术异化是不可避免的。海德格尔最早从形而上学思想的维度展开技术批判。在他看来，现代科学技术是柏拉图主义哲学用思维规定牵制存在的思想方向的完成，存在被作为存在者已经被分割和控制，存在的意义被遮蔽和遗忘；技术装置已经作为主体性的力量催逼人们为其奔忙，人失去了和技术的自由关系。在形而下的诸多领域中，人们从不同的角度批判技术的异化，从生态学、伦理学、社会学乃至医学伦理学等对现代技术所产生的问题展开讨论。拿人们日常最常见的消费来看，人们在消费当中服从的是金钱的同一性的统治，没有钱我们甚至什么都做不了，就更谈不上什么自由，想要获得自由，必须有金钱提供保证，因而人不得不自觉地接受金钱的统治，这就使得自由的标识标准化了、商品化了。这也就抹杀了人们追寻自由的叛逆的本性，因为叛逆没有金钱有用，只有金钱才能保证我们最起码的自由，也就是说，当今世界的以消费异化为代表的资本逻辑的统治，导致了人的自由本性的缺失。同时，我们看到，伴随着技术异化的是资本逻辑统治下人的被碎片化，人在不同的现代化体系中成为不同的碎片，在不同的领域中成为不同的碎片（遵循劳动、分工、技术等不同体系的统治），遵循不同的资本逻辑的统治。特别是铺天盖地的人工智能和新兴技术正在吞噬人们的生活，我们并不否定科技进步带来的社会发展，但在同时我们也应看到技术对人的统治和催逼。技术本是人的发明和工具，通过技术，人们实现其所想达到的目标，但在当今社会，技术反过来统治、支配人，用海德格尔的话来说就是“技术座架”催逼着人。至于技术是怎样实现对人的统治，我们说在技术体系中，技术有其自身的结构，它不断提供新的可能性，技术自身的可能性空间变成了主体，支配着科学家实现其可能性，这就将本是主体的科学家变成了被技术支配和统治的客体性存在。那么为什么科学家或是从事技术工作的人乖乖地服从技术的统治呢，这是因为每一种技术的可能性都是资本的增长点，能够带来资本增长的技术必然催逼着人们服从资本的逻辑。对于此，巴迪欧认识到，碎片化的世界图景还给人们呈现出一种“不连贯性”，在碎片化的、不连贯的生活世界图景中，人们的形象和话语被掩盖和遗忘，致使人们产生极度的本体安全的焦虑。现代社会，人们生活在资本空间中，受文化资本、权力资本、金融资本等的统治，习惯于把这种对安全感的需要嫁接到资本权力上，人们存在的唯一意义就是谁能带来资本的增殖，资本逻辑的统治下，人被连根拔起，失去了本体安全的家园。特别是在当今社会，人们的生活被各种计数规则所掏空，我们可以看到留给人们自己的是大数据时代的各种数字编码，数字编码下的人成为世界中的高度格式化的数值，成为一个被掏空的生命存在，在此意义上，个体的人被束缚在计数程序的框架下，成为被编码和被赋值的存在物，人成为有限的、被定位的存在者，陷入本体安全的焦虑，成为无根的存在。面对这样的现状，巴迪欧的哲学给予我们以警示，而其真正的政治一定程度上为人们的存在提供了有效的路径。巴迪欧指出，在计数原则之外，存在着未被计数规则赋值的空无，即巴迪欧所谓的非在，非在不是字面上体现的不存在，它存在着，但是没有被计数规则赋值，没有被情势状态或者说超验结构所再现，也就成为在世界上存在但不实存的多。对于非在，巴迪欧用类性延展程序使其呈现在世界之中，当然这种让非在得以实存的真理程序就是巴迪欧所谓的真正的政治，这是巴迪欧的政治理想，这个理想的实现就是巴迪欧所谓的类性延展后的共产主义。为了实现这一“真之政治”，挣脱资本逻辑的统治，巴迪欧主张与国家保持一定的距离，使国家的权力得到控制和衡量，以期实现解放政治的理想。同时，巴迪欧认为要想走出碎片化的生活图景，解除本体安全的焦虑，一种本体论的信念的支撑是必不可少的，这一信念使得人在自我创造中制约自身、发展自身，把人们从虚假的意识形态中解放出来，使人从难以回避的伦理冲突中解放出来，通过对现存世界的批判去提升人们的精神境界，通过哲学表达去实现人的生命精神的更新。

最后，巴迪欧从其所处的资本主义新时代的发展事实出发，立足于当代世界和人本身，指出当代哲学由于“太过于反映世界本身的面目”① 而导致自身被世界所迷惑而丧失其本有的反思和批判能力，哲学不由分说、不分是非地为现实进行辩护，因而造成了自身终结的危机。在这样一个技术时代，虚无时代，哲学该怎样维持其自身的合法性成为人们不可忽视的重大问题。巴迪欧的事件哲学从事件本身出发，主张具体到现实的社会实践，结合资本主义的发展状况，对其进行了批判性反思。巴迪欧指出，20 世纪是资本主义和市场的全球性胜利的世纪，充斥着无拘无束的市场和漫无边际的民主，资本主义机制统治之下的当代社会，在新自由主义思潮的影响下，人们看似过着自由民主的生活，但实质上人们受制于资本主义大机器的统治，生活的机械而重复，在资本逻辑和异化的技术统治下，人们丧失了人本身固有的独立自主的自由个性。巴迪欧洞察了此种境况的实质，主张对既有资本主义模式进行批判，其批判的武器是断裂性的事件。他认为，只有关键性事件的发生，社会才能在断裂性批判的基础上更好地前进，也才能实现对原有模式的打破来建构他的共产主义假设的新序列，即巴迪欧的共产主义假设的构想，这包含了人们对于未来的预测和展望，所以我们可知事件反映了巴迪欧激进的革命主张，作为真理与主体得以存在的前提性条

---

① Alain Badiou, *Infinite thought: Truth and the Return to Philosophy*, London: Continuum, 2004, p. 50.

件，断裂性的事件体现的是巴迪欧的批判与反思精神。透过诸多事件，巴迪欧洞察到资本主义社会背后隐藏的隐蔽而又真实的东西，对于该“东西”的揭露和批判对于社会的发展无疑是大有裨益的。因此可以说，巴迪欧从断裂性的事件出发，对资本主义制度进行分析与批判的同时，也积极地推进共产主义间歇期内共产主义假设的新序列的建立。当然我们也要看到，巴迪欧的批判是反思性的批判，不同于后现代主义哲学家的全盘否定，面对资本主义新时代，巴迪欧始终保持清醒的头脑，看待问题不是全盘地肯定也不是全盘地否定。一方面，巴迪欧指出了深入人们生产生活领域中的当代资本主义的运行模式的不合理，对其进行了理性的批判，另一方面，巴迪欧也看到资本主义统治机制存在的历史必然性，因此，巴迪欧也深知，想要找到替代全球资本主义的统治是十分困难的，能否实现这一愿景也是未知的，但是巴迪欧仍主张重树人们对本体论的信心，探寻新的挣脱超验的、同一性所束缚的本体论的形式，拯救和重构危机中的哲学，进而探寻替代全球化资本主义的政治的可能性。巴迪欧坚信，面对全球化浪潮中人们所处的种族分裂、暴力战争、恐怖袭击等灾难，真理性的哲学能够为其提供拯救的良方，避免人们由于非理性的激情活动而陷入极度的虚无状态，通过真理性哲学宣告理性的当代在场，我们可以对抗由非理性所带来的种种毁灭性危机。总之，巴迪欧哲学观为我们当代的资本批判提供了新的观察视角和敏锐的感知能力。

（三）巴迪欧哲学思想的局限性

通过上文的分析我们看到，巴迪欧的哲学具有时代反思性和理论独特性，其哲学思想在当代哲学思想中具有举足轻重的地位，产生了较为重要的影响，但在肯定巴迪欧哲学的理论贡献的同时，我们也看到其思想所具有的局限性，对其局限性的探讨有利于加深对巴迪欧哲学思想的全面的认识和把握。

从理论内容上看，我们说巴迪欧哲学思想的核心是事件、真理、主体三位一体的本体论哲学，事件作为其哲学观的核心范畴，贯穿于巴迪欧哲学思想的始终。就事件本身来讲，巴迪欧的事件是无法预知的，我们只能期待事件的发生，事件发生之前主体是不存在的；就事件的产生来看，巴迪欧的事件的产生完全是随意的，人们无法事先预知，巴迪欧运用集合论的思想，通过预设绝对空无的事件点说明事件的发生，但并未阐释事件究竟如何发生的原因。马克思主义则与之完全不同，马克思视域中的事件是有着具体发生的原因的，他立足于资本主义社会发展的具体状况，深入社会发展现实，对其进行辩证性的批判与分析，指出诸多问题产生的原因是社会化大生产与资本主义私人占有制之间的矛盾，正是这一资本主义运行机制内在固有的矛盾导致社会危机的产生，革命事件的发生亦是如此，革命事件的爆发是无产阶级对资本主义社会的现实的矛盾的激烈反抗，当社会矛盾达到顶峰以致无法解决时，整个社会便陷入动荡不安的危机之中，接踵而至的便是革命事件的爆发，而革命主体则是在事件发生之前就天然地存在于革命事件之中，通过发挥其能动性的作用促使事件的发生。正因为如此，我们说巴迪欧的以事件哲学为核心的哲学不能代替唯物史观、资本批判这些经典的理论范式，原因在于，一方面，其理论自身存在一定的局限性，事件的无法预知有着神秘的色彩，作为期待中的主体的个人也显得软弱无力；另一方面，也是最主要的原因是我们的时代虽然经历了巨大的历史变化，但从根本上说它仍是工业革命以来的技术时代、资本统治的时代，唯物史观、资本批判这些经典的理论范式对当今时代仍具有重大的示范和指导意义，因此在这个意义上，我们说巴迪欧的哲学思想只具有局部理论范式的意义。而且，对于我国马克思主义学者来说，巴迪欧的哲学是欧洲左翼思想家的理论创造，他所面对和感受到的社会现实与我国仍有重大的差别，在全球资本主义时代肯定有普遍的全球意义，但主要或更多地具有欧洲意义。欧洲情境不同于中国，我们不能将其移植到中国，我们应该立足于中国特色社会主义建设的理论和实践，结合其独特的道路、制度、理论和文化，探寻出属于我们自身的马克思主义哲学研究所必需的现实感和理论范式。因此，在着手研究巴迪欧哲学观之前，首要的是明晰其思想特质，立足于他所处的欧洲情境，对他思想中“活的理论”和“死的理论”进行区分，进而综合其理论背景和中国情境对其进行整理和改造，探寻适合中国发展的思想理论。在解读巴迪欧的思想的时候，要把握其思想中内质性的东西，即真理的普遍存在，同时要结合中国的现实实际，将其内在性在具体的当下得以情境化。因此，我们应该汲取不同的思想资源去实现对于现今生活世界的把握，使得现存的世界和生活具有一种“有根”的解释，这就需要秉持着一种尝试性的态度进行中西思想的较量，以一种开放的心态和从容的态度去倾听异质性的思想并与之对话，在比较和博弈中汲取中外哲学的有益成果来增强中国思想自身的生命力。所以，对于今天的中国学者而言，要在不断的摸索中探知匹配于中国特有情境的发展理论，为中国特色社会主义的发展提供理论借鉴。

同时，就巴迪欧哲学的理论贡献看，其哲学的政治旨归（对政治的高度关注）凸显了当代人民对政治的敏感和觉悟，揭示了资本主义政治统治技术的新变化，探索了个人主体反抗和解放的可能道路。同时我们知道，巴迪欧的主体是以政治为根本旨归的，巴迪欧对马克思的关注更多的也是政治上的和战争上的，这体现在他的文本当中，如《共产党宣言》、《路易·波拿巴的雾月十八日》以及《哥达纲领批判》等，这些都体现出马克思将无产阶级的战斗本质放在第一位，这是巴迪欧所推崇的。但是按照列宁的看法，“政治是经济的集中表现”，政治作为权威性的价值分配，直接或间接地规定了人们的经济生活状况，如果说巴迪欧哲学观对政治价值的凸显是其贡献，它的弱点和局限也在于缺少马克思主义政治经济学批判的经济分析，作为经济集中表现的政治仍需经济基础的分析才能得到充分的解释。按照唯物史观的基本观点，社会存在作为每代人创造历史的既定前提，是一个复杂的政治、经济、制度和文化的先验结构，社会存在的分析也可从不同的学科视角揭示其机理和构成。但物质资料的生产方式具有“基底”结构的性质和作用，它从根本上规定和影响其他领域和层面的特点和变化，经济分析是社会分析的不可缺少的维度。从社会现实的层面看，当代西方的社会抗议和反抗也都有真实的经济诉求，从美国的占领华尔街运动到法国的“黄马甲”运动，都有对经济不平等的抗议，都显示出传统的工人运动中阶级主体行动的特征。巴迪欧过多地关注政治，对经济维度的分析较少，造成对资本主义客观逻辑分析的忽视。人们不禁要问，仅仅将解放运动的希望寄托在忠诚于真理事件的政治运动上，忽视以客观物质生产条件为核心的经济发展因素，真的可以使主体摆脱所处的困境吗？对抗性真理程序能够解决现实社会存在的一系列问题吗？这也是巴迪欧理论的一大局限。但从历史合理性的尺度看，其中也必然有科学技术发展和经济社会发展所积淀的历史进步性的东西。对于巴迪欧来说，在经济维度探寻真理性事件的革命潜能，或许才是解决问题的关键。只有真正进入历史辩证法的内在逻辑中，才能发现历史自我否定的内在力量，指出现实的解放道路。

巴迪欧哲学的局限性还体现在其对共产主义思想的理解上。在巴迪欧那里，共产主义被称为共产主义观念（假设），共产主义观念追寻的是纯粹的、普遍性的平等观念，目的是消除人与人之间存在的不平等现象。但是我们要看到，共产主义的内涵是十分广泛的，它不只是对平等的观照，还有着自由和解放等思想维度，仅仅将其与抽象的、简单的、纯粹的平等观念等同起来，在掩盖了共产主义的真正意义的同时也削弱了其批判力和战斗力，这是巴迪欧共产主义思想的不足之处。与巴迪欧不同，马克思的共产主义思想致力于通过阶级革命实现人的自我异化的积极扬弃和人的本质的复归。具体来看，无产阶级只有组织起来进行社会革命，颠覆现存秩序，消灭现存制度，才能获得自身的解放，争夺统治权，进而建立起新的社会制度。由此可见，马克思的共产主义思想不是要寻求单纯的人与人之间的平等，而是以实现人的自由而全面的发展作为自己的理论旨归，马克思结合资本主义国家发展实际，主张通过扬弃异化和私有财产的摧毁现实秩序的革命性实践活动来实现这一目标。通过对巴迪欧和马克思共产主义思想的解读，我们发现巴迪欧的共产主义观念缺少具体的现实革命实践的维度，在巴迪欧那里，挣脱现实世界的束缚、摧毁现实秩序的不是具体的暴力革命运动，而是一种解缝的姿态，通过边缘化的政治活动来进行抗争，这种政治活动发端于一种偶然性的事件，在事件产生之前主体也是不存在的，因而革命运动也丧失了其有效性。因此我们说巴迪欧的革命政治学更多地维系在信念的层次上。这不同于马克思主义的渐进式的革命策略，在马克思那里，不是突发的事件，而是社会内部生产关系与生产力之间的矛盾最终导致革命事件的发生，当生产关系桎梏了生产力的发展，工人阶级陷入极度的赤贫，革命随之而爆发。同时，巴迪欧以理想的手段作为其共产主义观念的出发点，将政治的本质抽象化，将其理解成追求纯粹的、抽象的平等观念，这体现了巴迪欧对于共产主义观念理解的抽象性维度。因此，巴迪欧对于共产主义假设能否通过平等观念和对于事件、真理的忠诚实现新序列的建构保持怀疑，而“共产主义假设”能否成为现实也尚且无法得到证实，可见，巴迪欧的共产主义观念由于与具体实践活动相脱节而被称为一种“沉迷于超革命幻想的意志主义”，但是我们都知道，要想实现共产主义理想，光有信仰和追求是不够的，更需要投身于具体的实践活动中，从此种意义上来说，相比马克思，巴迪欧又退后了一步。实际上我们也要承认，巴迪欧的解放政治逻辑并非与实践毫无关联。更确切地说，共产主义观念的提出也体现了巴迪欧事件哲学的实践转向，他曾明确表示，事件创造着可能性，但也需要各种努力让这种可能性转变为现实，也就是说，人们需要付出能动性的努力，将事件镌刻于现实之中。

最后，在理论方法上，我们说数学式的阐释问题的方法是巴迪欧哲学思想的特色。他依托于康托尔的集合论和科恩的类性概念，以一种数学式的思维方式建构起自己的数学本体论，拯救了哲学，论证了哲学的可能性。可以说巴迪欧所构建的数学本体论，是数学思维在哲学领域的创新性应用，他的著作包含许多数学逻辑推理，数学式的分析问题的方式使其作品逻辑性十足，理论运演也十分清楚明白，但多变的符号和烦琐的推理给读者带来较大的困难，阅读其著作也存在一定的难度，也正因为此，巴迪欧的思想相较同时代的福柯、德里达等当代法国哲学家而言，较少为世人所关注。巴迪欧哲学思想的理论基础是数学本体论，因其数学式表达方式较为晦涩难懂，影响着其理论的可理解性与可接受性。所以，尽管巴迪欧通过数学方式构建其哲学思想是特定历史条件下的产物，但仍给其哲学思想带来不少缺憾。

结　语

巴迪欧与德勒兹一样，是学界公认的思想较为繁杂的哲学家，所以想要描绘出巴迪欧思想的总轮廓是比较困难的。本书我们主要集中对巴迪欧哲学思想进行清晰的梳理和解析，在此见到的更多的是秉持着其独特哲学思想的哲学家巴迪欧，巴迪欧通过其事件、真理、主体三位一体的数学本体论哲学的建构，实现了对危机下的哲学的拯救，并结合时下哲学所处的现实社会现状，指出哲学要面向现实世界，要摆脱伦理或者法律的束缚，哲学要更进一步，重构革命的永恒真理，使真理从存在走向实存，以一种共产主义的姿态，构建事件轨迹，真理性身体、主体化三者有机的统一的在世的新哲学，实现哲学的非在到实存，在此，巴迪欧在原有数学本体论的基础上构建了自己的独特的在世的新哲学，实现了他的哲学思想的内在逻辑理路的推进。在这个哲学饱受诟病和危机的时代，哲学的合法性遭受不断质疑的时代，巴迪欧主张宣告真理性哲学的当代在场，以此与由非理性所带来的种种毁灭性危机进行对抗，因此我们说巴迪欧的哲学捍卫了当代哲学的合法性，为当代哲学的合法性提供了有效的证明，开辟了新的哲学气象，为哲学未来的发展指明了道路。同时巴迪欧以一种冷静的眼光对当代社会的一些重大的理论和现实问题进行了深入的哲学思考，这一工作具有重大的理论价值和实践的政治解放意义。

巴迪欧哲学思想的独特之处就是其哲学以数学集合论为基础，采用数学的形式的、逻辑的推理运演，构建其独树一帜的本体论哲学。当然，巴迪欧的思想贡献不仅仅局限于其哲学，他的思想体系非常的繁杂和庞大，其著作涉及哲学、科学、政治、艺术、爱情等领域，其思想囊括了主体理论，事件哲学，真理观，数学本体论，政治哲学，美学，伦理等，他还热衷于诗歌和电影，对艺术也有研究，现今84岁高龄的巴迪欧仍然笔耕不辍，不断阐发其丰富的理论思想。巴迪欧认为，面对多变的世界本身，哲学应该重新反省其自身的合法性，探寻可能性的力量去改造世界和人本身，为社会发展提供有益的指导。统观巴迪欧哲学思想的总轮廓，我们发现，巴迪欧的哲学存在政治、数学、艺术和爱四个前提，通过类性真理程序机制来构建其本体论哲学。因此也可以说，巴迪欧的哲学呈现的是一种多元的哲学，因为不可能只有一种哲学，只有一种哲学的话哲学也就终结了，这里的哲学具有多元的意义，是对多元基础主义的寻求，哲学的意义在于打开一个新的思想空间，巴迪欧维护哲学，打开并实现真理是打开新空间的有益尝试。实质上，真理作为哲学的核心范畴，也是巴迪欧哲学所要重点探讨的核心概念，甚至可以说真理是理解巴迪欧哲学思想的不可或缺的重要线索。统观巴迪欧哲学的内在逻辑发展理路，我们发现真理问题始终贯穿于其中。首先，《存在与事件》和《哲学宣言》主张实现真理的存在，通过解构哲学终结论，重新确定哲学在原初意义上的可能性；而《世界的逻辑：存在与事件2》和《第二哲学宣言》则致力于建构革命性的永恒真理，从而确保反哲学终结论得以继续；这体现了巴迪欧的解构到重构的目的和立场的转变。其次，《存在与事件》和《哲学宣言》运用“多”的柏拉图主义，用一种区别于解释学和语法分析的数学去反对诗学，在古典形而上学的帮助下，相信绝对真理的存在，用其来反对哲学终结论和超越论。《世界的逻辑：存在与事件 2》和《第二哲学宣言》的基础仍然是柏拉图，数学式的推理仍然是巴迪欧著作的显著特征，在此基础上，巴迪欧加入了两个问题来捍卫柏拉图主义的立场，一是必须从哲学上怀疑那种支持民主的宣传，对民主进行系统的批评，二是支持带有大写记号的本真的生命，一种大写的观念，这一做法强化了柏拉图主义的姿态，是一种观念的共产主义，关注的是真理通过主体化的身体在世界之中显现自身，这一过程体现了柏拉图主义的姿态到观念的共产主义姿态的转变。再次，实现了“类性多元”到“主体化身体”的关键概念的转变。《存在与事件》和《哲学宣言》集中展现了类性概念，指出真理是类性的多元，类性的多可以设定所有行动的标准，目的是再生产出真理。《世界的逻辑：存在与事件 2》和《第二哲学宣言》中的关键概念是主体化的身体，不是类性的多的数学形式上的、存在上的真理，而是既定世界上的表象，实存和发展的物质过程的真理。最后，关于真理的普遍性和永恒性的问题，《存在与事件》和《哲学宣言》致力于真理的普遍性，真理的普遍性是一个形式问题，即类性的多的形式；《世界的逻辑：存在与事件 2》和《第二哲学宣言》中致力于真理的永恒性，真理的永恒性是对真理过程的有效处理的结果。总之，面对这个混乱且可恶的时代，让人不得不去宣布存在着永恒的政治的、艺术的、科学的及爱的真理的结果，通过主体化身体的创造，使得人们具备更加顽强和生动的生命，因此，我们就拥有了“真理，在灵与肉之中的东西”（兰波《地狱一季》），我们强过我们的时代。

这里面需要进一步强调的是，对待真理问题上，巴迪欧不局限于《存在与事件》中的类性真理（真理的形式理论：真理的存在）和《世界的逻辑：存在与事件 2》中的真理性的身体（真理的对象化、表象：真理的实存），近年来，巴迪欧更多地将目光转向研究在真理的视角下的事物，从真理的角度看存在和表象会如何，即真理的内在性问题，鉴于此，巴迪欧创作了《存在与事件3：真理的内在性》一书，该书目前国内还没有中译本，蓝江教授简单介绍了本书的内容。巴迪欧这本书在以往理论的基础上进一步界定其使用的专业术语，立足于探讨真理角度下的世界，旨在挖掘哲学与生活的关系，进而提出：存在哲学主体吗？如若存在，它如何为真正的生活或完整的生活开辟道路等问题，通过这些问题的探讨与分析，更为深刻和详尽地展现了巴迪欧哲学思想体系的整全轮廓。笔者认为，对于真理内在性的理解，是接下来巴迪欧哲学研究者应要关注的重要问题。巴迪欧仍然在继续，他的生命仍然在诞生出新的神奇，他正在更多更广的领域中探索，值得注意的是，在巴迪欧的理论中，永远没有那个最终的完成形式，可以说，他的理论是一种继续，即在世界的逻辑中继续，用在世界之中的事件性断裂来重新定义那个作为整体性的"一"。总之，巴迪欧在哲学面对终结危机的时代主张拯救哲学；在共产主义逐渐被人们淡忘的时代重提共产主义假设的必要性与可能性；在马克思主义遭受质疑的背景下，巴迪欧主张践行马克思主义，并自称自己是坚定的马克思主义者；针对资本主义不合理的发展机制，巴迪欧针砭时弊，探索摆脱资本逻辑统治枷锁的有效途径，因此说巴迪欧的思想犹如一颗璀璨的明星划破了寂静的夜空，给迷惘于资本主义全球化进程中的芸芸众生指明了行动的方向。

哲学作为"文明的活的灵魂"，彰显的是自身特有的理论特质，中西方哲学由于处在不同的社会历史环境而具有不同的发展境遇。西方哲学建立在西方人特有的生命体验和生存形态基础之上，贯穿于西方哲学之中的生命历程是其独有的问题意识和思想旨趣。高清海老师一直认为，中华民族应该有自己的哲学，对于西方先进哲学理论的学习，最终目的是为了创建属于我们自己的哲学理论，作为中国马克思主义者，我们要做的就是以马克思主义作为我们的理论指导，结合中华民族特有的时代背景和生存境遇，深入实际解决人们所面对的具体问题。受此启发我们感悟到，当今时代虽然经历了巨大的历史变化，但从根本上说它仍是工业革命以来的技术时代、资本统治的时代。唯物史观、资本批判这些经典的理论范式对当今时代仍具有重大的示范和指导意义，因此在这个意义上，我们说巴迪欧的哲学思想只具有局部理论范式的意义，并且，对于我国马克思主义学者来说，巴迪欧的哲学是欧洲左翼思想家巴迪欧的理论创造，他们所面对和感受到的社会现实与我国仍有重大的差别，在全球资本主义时代肯定有普遍的全球意义，但主要或更多具有欧洲意义。欧洲情境不同于中国，我们不能将其移植到中国，我们应该立足于中国特色社会主义建设的理论和实践，结合其独特的道路、制度、理论和文化，探寻出属于我们自身的马克思主义哲学研究所必需的现实感和理论范式。因此，在着手研究巴迪欧哲学思想之前，首要的是明晰其思想特质，立足于他所处的欧洲情境，对他思想中“活的理论”和“死的理论”进行区分，进而综合其理论背景和中国情境对其进行整理和改造，探寻适合中国发展的思想理论。在解读巴迪欧的思想的时候，要把握其思想中内质性的东西（真理的普遍存在），将其思想精华内化为我们自身的精神财富，同时要结合中国的现实实际，将其内在性在具体的当下进行情境化。我们应该汲取不同的思想资源去实现对于现今生活世界的把握，使得现存的世界和生活具有一种“有根”的解释，这就需要秉持着一种尝试性的态度进行中西思想的较量，以一种开放的心态和从容的态度去倾听异质性的思想并与之对话，在比较和博弈中汲取中外哲学的有益成果来增强中国思想自身的生命力。所以，对于今天的中国学者而言，要在不断的摸索中探知匹配于中国特有情境的发展理论，为中国特色社会主义的发展提供理论借鉴。因为理论只有真正进入历史辩证法的内在逻辑中，才能发现历史自我否定的内在力量，指出现实的解放道路。

参考文献

一　中文文献

（一）经典著作

《马克思恩格斯选集》第1—4卷，人民出版社2012年版。

《马克思恩格斯全集》第1卷，人民出版社1995年版。

《马克思恩格斯全集》第2卷，人民出版社2005年版。

《马克思恩格斯全集》第3卷，人民出版社2002年版。

《马克思恩格斯全集》第30卷，人民出版社1995年版。

《马克思恩格斯全集》第47卷，人民出版社2004年版。

《马克思恩格斯文集》第1—10卷，人民出版社2009年版。

［德］卡尔·马克思:《资本论》第1—3卷，人民出版社2004年版。

［德］卡尔·马克思、弗里德里希·恩格斯:《共产党宣言》，人民出版社1997年版。

［德］卡尔·马克思:《1844年经济学哲学手稿》，人民出版社2000年版。

［德］卡尔·马克思、弗里德里希·恩格斯:《德意志意识形态》，人民出版社2003年版。

［德］卡尔·马克思:《路易波拿巴的雾月十八日》，江苏人民出版

社 2011 年版。
［俄］列宁：《卡尔·马克思》，人民出版社 2009 年版。

（二）中文著作

陈学明等：《二十世纪西方马克思主义哲学》，人民出版社 2012 年版。
陈越：《哲学与政治——阿尔都塞读本》，吉林人民出版社 2003 年版。
陈永国主编：《激进哲学：阿兰·巴丢读本》，北京大学出版社 2010 年版。
范春燕：《西方左翼视域中的当代中国与社会主义》，中国社会科学出版社 2017 年版。
冯契、徐孝通主编：《外国哲学大辞典》，上海辞书出版社 2008 年版。
高清海：《哲学思维方式变革》，吉林人民出版社 1997 年版。
高清海：《哲学在走向未来》，吉林人民出版社 1997 年版。
高清海：《人的"类生命"与"类哲学"——走向未来的当代哲学精神》，吉林人民出版社 1998 年版。
高清海：《找回失去的哲学自我——哲学创新的生命本性》，北京师范大学出版社 2013 年版。
郗戈：《从哲学革命到资本批判——马克思历史唯物主义基本范畴的当代阐释》，世界图书出版广东有限公司 2012 年版。
高宣扬：《当代法国思想五十年》，台湾：五南图书出版公司 2003 年版。
高宣扬：《当代法国哲学导论》（上、下），同济大学出版社 2004 年版。
黄楠森主编：《马克思主义哲学史》，高等教育出版社 2011 年版。

贺来:《乌托邦精神的现实生活世界根基》,吉林教育出版社 1998 年版。

贺来:《辩证法与实践理性》,中国社会科学出版社 2011 年版。

黄作:《不思之说——拉康主体理论研究》,人民出版社 2005 年版。

孔明安等:《当代国外马克思主义新思潮研究:从西方马克思主义到后马克思主义》,中央编译出版社 2012 年版。

刘怀玉:《现代性的平庸与神奇》,中央编译出版社 2006 年版。

蓝江:《忠实于事件本身:巴迪欧哲学思想导论》,北京师范大学出版社 2018 年版。

孙伯鍨、张一兵主编:《走进马克思》,江苏人民出版社 2012 年版。

孙正聿:《哲学通论》,辽宁人民出版社 2000 年版。

孙正聿:《思想中的时代:当代哲学的理论自觉》,北京师范大学出版社 2006 年版。

孙正聿:《孙正聿哲学文集》(第 4 卷),吉林人民出版社 2007 年版。

孙正聿:《理论思维的前提批判:论辩证法的批判本性(第 2 版)》,中国人民大学出版社 2010 年版。

孙利天:《论辩证法的思维方式》,吉林人民出版社 2006 年版。

孙利天:《让马克思主义说中国话》,武汉大学出版社 2010 年版。

孙利天:《高清海哲学思想讲座》,中国社会科学出版社 2014 年版。

吴晓明、邹诗鹏:《全球化背景下的现代性问题》,重庆出版社 2009 年版。

张一兵、胡大平:《西方马克思主义的历史逻辑》,南京大学出版社 2003 年版。

张盾:《马克思的六个经典问题》,中国社会科学出版社 2009 年版。

(三) 中文论文

艾士薇:《巴迪欧对传统哲学的反思与真理观的重构》,《学习与实践》2013 年第 4 期。

艾士薇:《非美学思想研究》,博士学位论文,华中师范大学,2012 年。

艾士薇:《通往真理的事件——论阿兰·巴迪欧的“事件哲学”的理论基础》,《中国政法大学学报》2013 年第 6 期。

白刚:《超越启蒙——马克思哲学的本真精神》,《理论学刊》2008 年第 6 期。

毕日升:《“后学之后”:阿兰·巴丢思想的历史性出场》,《马克思主义美学研究》2011 年第 2 期。

段忠桥:《历史唯物主义:“哲学”还是“真正的实证科学”——答俞吾金教授》,《学术月刊》2010 年第 2 期。

丁立卿:《马克思的哲学革命——〈1844 年经济学哲学手稿〉的哲学观》,《学术交流》2013 年第 1 期。

范春燕:《一种新的共产主义——当代西方左翼学者论“共产主义观念”》,《马克思主义研究》2014 年第 5 期。

高清海、孙利天:《哲学的终结与人类生存》,《江海学刊》2003 年第 5 期。

高清海:《论实践观点作为思维方式的意义》,《社会科学战线》1988 年第 1 期。

高清海:《中华民族的未来发展需要有自己的哲学理论》,《吉林大学社会科学学报》2004 年第 2 期。

贺来:《现代性的反省与马克思哲学研究纵深推进的生长点》,《求是学刊》2005 年第 1 期。

何莉莉:《阿兰·巴迪欧的事件、真理、主体三元结构研究》,硕士学位论文,黑龙江大学,2015 年。

隽鸿飞:《哲学:在历史与文化之间——马克思哲学革命之后的哲学定位》,《学术研究》2007 年第 1 期。

简繁:《冷战后欧洲左翼的共产主义思潮研究现状》,《武汉理工大学学报》2006 年第 1 期。

蓝江:《回归柏拉图:事件、主体和真理——阿兰·巴迪欧哲学简论》,《马克思主义与当代思潮》2009 年第 3 期。

蓝江:《谁是阿兰·巴迪欧?》,《南京社会科学》2009 年第 6 期。

蓝江:《从元结构走向类性真理:浅析巴迪欧的〈元政治学概述〉》,《马克思主义与现实》2010 年第 6 期。

蓝江:《巴黎公社与共产主义观念——析巴迪欧的解放政治学的逻辑》,《马克思主义与当代思潮》2011 年第 3 期。

蓝江:《在世之中的真理的身体——阿兰·巴迪欧的现象学转向》,《哲学动态》2011 年第 11 期。

吕清平、蔡大平:《西方学界关于巴迪乌思想研究综述》,《国外理论动态》2010 年第 6 期。

吕清平:《存在与事件的断裂辩证法——巴迪乌〈存在与事件〉研究》,博士学位论文,南京师范大学,2011 年。

李勇:《阿尔都塞对马克思哲学革命的历史指证》,《北华大学学报》(社会科学版)2014 年第 5 期。

李成旺:《马克思哲学革命的当代启示》,《现代哲学》2010 年第 3 期。

刘胜坤等编:《革命与马克思主义——阿兰·巴迪乌访谈》,《国外理论动态》2008 年第 11 期。

孙正聿:《解放何以可能——马克思的本体论革命》,《学术月刊》2002 年第 9 期。

孙正聿:《怎样理解马克思的哲学革命》,《吉林大学社会科学学报》2005 年第 5 期。

孙正聿:《历史的唯物主义与马克思主义的新世界观》,《哲学研究》2007 年第 3 期。

孙正聿:《历史唯物主义与哲学基本问题——论马克思主义的世界

观》,《哲学研究》2010 年第 5 期。

孙利天:《哲学的合法性论纲》,《吉林大学社会科学学报》1991 年第 4 期。

孙利天:《辩证法与后现代主义哲学》,《天津社会科学》1995 年第 4 期。

孙利天:《寻求和建设马克思主义哲学的当代形态》,《社会科学战线》1996 年第 4 期。

孙利天:《21 世纪哲学:体验的时代?》,《长白学刊》2001 年第 2 期。

孙利天:《后现代主义哲学与东方思想》,《社会科学战线》2003 年第 5 期。

孙利天、孙旭武:《对马克思哲学革命的多重理解及思想意义》,《社会科学战线》2009 年第 6 期。

孙利天、肖倩颖:《生命政治学的思想渊源和时代内涵》,《吉林大学社会科学学报》2020 年第 3 期。

汤红娟编:《普遍主义仍然是激进思想吗?——阿兰·巴迪乌的真理政治》,《国外理论动态》2008 年第 8 期。

王南湜:《中国马克思主义哲学范式转换研究析论》,《学术研究》2011 年第 1 期。

王庆丰:《人类自由解放的学说——马克思的哲学观及其所开辟的哲学道路》,《中州学刊》2005 年第 3 期。

王庆丰:《批判的辩证法与共产主义》,《哲学动态》2013 年第 7 期。

王福生:《马克思〈资本论〉中的辩证法》,《社会科学战线》2006 年第 4 期。

王福生:《马克思主义的整体性及其内在结构》,《天津社会科学》2013 年第 6 期。

吴猛:《法国马克思主义研究的新特色》,《学术月刊》2008 年第 9 期。

汪行福:《为什么是共产主义?——激进左派政治话语的新发明》,《当代国外马克思主义评论》2010 年第 8 期。

王金林:《论巴迪欧的"共产主义假设"》,《马克思主义与现实》2010 年第 3 期。

夏莹:《马克思主义在当代法国思潮嬗变中的命运及其反思》,《教学与研究》2012 年第 9 期。

仰海峰:《历史唯物主义的双重逻辑》,《哲学研究》2010 年第 11 期。

俞吾金:《对马克思哲学与西方哲学关系的再认识》,《天津社会科学》1999 年第 6 期。

杨耕:《重新理解哲学的显著特点和马克思主义哲学的本质特征》,《学术研究》2015 年第 1 期。

严泽胜:《巴迪欧论"存在"与"事件"》,《清华大学学报》2013 年第 6 期。

杨晓蓉:《政治作为思想:阿兰·巴迪乌政治理论的矛盾性》,《国外理论动态》2008 年第 8 期。

张盾:《反现代性:马克思哲学革命的真实意义》,《长白学刊》2004 年第 1 期。

张盾:《现代性问题图景中的马克思哲学革命》,博士学位论文,吉林大学,2004 年。

张盾:《怎样理解马克思开辟的哲学道路——评阿尔都塞对马克思哲学观的激进解读》,《学习与探索》2005 年第 6 期。

张莉莉:《"创造真理":从存在到逻辑——评阿兰·巴迪欧〈世界的逻辑:存在与事件 2〉》,《哲学分析》2010 年第 3 期。

张莉莉:《从结构到历史——阿兰·巴迪欧主体思想研究》,博士学位论文，复旦大学，2013 年。
张剑：《齐泽克、巴迪欧的毛主义情结》，《马克思主义与现实》2013 年第 6 期。
朱羽、张耀宗：《当代政治与否定的危机——阿兰·巴迪欧访谈》，《国外理论动态》2010 年第 6 期。

（四）中译著作

［法］阿尔都塞、巴里巴尔：《读〈资本论〉》，李其庆、冯文光译，中央编译出版社 2001 年版。
［法］阿尔都塞：《保卫马克思》，顾良译，商务印书馆 2006 年版。
［英］佩里·安德森等：《西方左派图绘》，张亮、吴勇立译，江苏人民出版社 2002 年版。
［美］汉娜·阿伦特：《马克思与西方政治思想传统》，孙传钊译，江苏人民出版社 2012 年版。
［意大利］吉奥乔·阿甘本等：《好民主，坏民主》，王文菲等译，上海社会科学院出版社 2014 年版。
［法］阿兰·巴迪欧：《世纪》，蓝江译，南京大学出版社 2011 年版。
［法］阿兰·巴迪欧：《爱的多重奏》，邓刚译，华东师范大学出版社 2012 年版。
［法］阿兰·巴迪欧：《哲学宣言》，蓝江译，南京大学出版社 2014 年版。
［法］阿兰·巴迪欧：《第二哲学宣言》，蓝江译，南京大学出版社 2014 年版。
［法］阿兰·巴迪欧：《小万神殿》，蓝江译，南京大学出版社 2014 年版。
［法］阿兰·巴迪欧：《元政治学概述》，蓝江译，复旦大学出版社

2015 年版。

［法］阿兰·巴迪欧:《维特根斯坦的反哲学》，严和来译，漓江出版社 2015 年版。

［法］阿兰·巴迪欧:《柏拉图的理想国》，曹丹红、胡蝶译，河南大学出版社 2015 年版。

［法］阿兰·巴迪欧:《当前时代的色情》，张璐译，河南大学出版社 2015 年版。

［法］阿兰·巴迪欧:《关键概念》，蓝江译，重庆大学出版社 2016 年版。

［法］阿兰·巴迪欧:《论争：关于当代政治与哲学的对话》，邓冰艳译，河南大学出版社 2016 年版。

［法］阿兰·巴迪欧:《哲学与政治之间谜一般的关系》，李佩纹译，中央编译出版社 2017 年版。

［法］阿兰·巴迪欧:《存在与事件》，蓝江译，南京大学出版社 2018 年版。

［雅典］柏拉图:《理想国》，郭斌和、张竹明译，商务印书馆 1986 年版。

［英］齐格蒙·鲍曼:《现代性与大屠杀》，译林出版社 2002 年版。

［法］弗朗索瓦·多斯:《从结构到解构：法国 20 世纪思想主潮》（上卷），季广茂译，中央编译出版社 2004 年版。

［法］弗朗索瓦·多斯:《从结构到解构：法国 20 世纪思想主潮》（下卷），季广茂译，中央编译出版社 2004 年版。

［法］米歇尔·福柯:《必须保卫社会》，钱翰译，上海人民出版社 1999 年版。

［法］米歇尔·福柯:《知识考古学》，谢强、马月译，生活·读书·新知三联书店 2003 年版。

［德］伊林·费彻尔:《马克思与马克思主义：从经济学批判到世界

观》，赵玉兰译，北京师范大学出版社 2009 年版。

［美］加里·古亭：《20 世纪法国哲学》，辛岩译，江苏人民出版社 2005 年版。

［德］黑格尔：《哲学史讲演录》，贺麟、王太庆译，商务印书馆 1996 年版。

［德］胡塞尔：《欧洲科学的危机与超越论的现象学》，王炳文译，商务印书馆 2001 年版。

［德］马丁·海德格尔：《海德格尔选集》（上下），孙周兴译，上海三联书店 1996 年版。

［德］马丁·海德格尔：《存在与时间》，陈嘉映、王庆节译，生活·读书·新知三联书店 2006 年版。

［美］M. 怀特：《分析的时代》，杜任之等译，商务印书馆 1987 年版。

［法］大卫·哈维：《后现代的状况》，阎嘉译，商务印书馆 2003 年版。

［德］哈贝马斯：《交往行为理论》，曹卫东译，上海人民出版社 2004 年版。

［英］安东尼·吉登斯：《现代性的后果》，田禾译，译林出版社 2014 年版。

［德］伊曼努尔·康德：《实践理性批判》，邓晓芒译，人民出版社 2003 年版。

［匈牙利］格奥尔格·卢卡奇：《历史与阶级意识》，杜章智等译，商务印书馆 1995 年版。

［美］约翰·罗尔斯：《正义论》，何怀宏等译，中国社会科学出版社 1988 年版。

［法］雅克·拉康：《拉康选集》，褚孝泉译，上海三联书店 2001 年版。

［美］理查德·罗蒂：《后哲学文化》，黄勇译，上海译文出版社2009年版。

［美］赫伯特·马尔库塞等：《工业社会和新左派》，任立编译，商务印书馆1982年版。

［美］赫伯特·马尔库塞：《单向度的人》，刘继译，上海译文出版社1989年版。

［美］赫伯特·马尔库塞：《现代文明与人的困境》，李小兵等译，上海三联书店1989年版。

［比利时］尚塔尔·墨菲：《政治的回归》，王恒、藏佩洪译，江苏人民出版社2001年版。

［斯洛文尼亚］斯拉沃热·齐泽克：《敏感的主体：政治本体论的缺席中心》，应奇等译，江苏人民出版社2006年版。

［法］让－保罗·萨特：《存在与虚无》，陈宣良等译，生活·读书·新知三联书店2007年版。

［加拿大］查尔斯·泰勒：《现代性之隐忧》，程炼译，中央编译出版社2001年版。

［德］马克斯·韦伯：《新教伦理与资本主义精神》，马奇炎、陈婧译，北京大学出版社2012年版。

（五）中译论文

［新西兰］凯姆西·艾尔－奥杰里：《描述社会主义：三种声音》，张永红译，《国外理论动态》2013年第1期。

［法］阿兰·巴迪乌：《哲学与政治》，杜小真译，《国外理论动态》2006年第12期。

［法］阿兰·巴迪乌：《当代法国哲学思潮》，陈杰、李谧译，《国外理论动态》2008年第12期。

［法］阿兰·巴迪乌：《共产主义的构想》，赵文译，《国外理论动

态》2008 年第 10 期。

［法］阿兰·巴迪欧：《身体·语言·真理》，艾士薇译，《当代艺术与投资》2011 年第 5 期。

［美］布鲁诺·博斯特尔斯：《后毛主义：巴迪乌与政治》（下），陈橙译，《国外理论动态》2009 年第 7 期。

［英］尼克·胡列特：《政治作为思想——阿兰·巴迪欧政治理论的矛盾性》，杨晓蓉编写，《国外理论动态》2008 年第 8 期。

［英］A. 科恩：《哲学的终结：对一场针锋相对的争论的剖析》，王玉北译，《世界哲学》2004 年第 1 期。

［斯洛文尼亚］斯拉沃热·齐泽克：《论 1968 年"五月风暴"》，连小丽、王小会译，《国外理论动态》2009 年第 4 期。

［美］斯蒂芬·塞维罗：《共产主义的春天到来了吗？——伦敦大学"论共产主义观念"国际研讨会评述》，于琦译，《马克思主义与现实》2010 年第 2 期。

二　外文文献

（一）外文著作

Alain Badiou, *Conditions*, Paris: Seuil Reprinted, 1998.

Alain Badiou, *Deleuze: The Clamor of Being*, trans., Louise Burchill, Minneapolis. London: University of Minnesota Press, 2000.

Alain Badiou, *Ethics: An Essay on the understanding of Evil*, trans., Peter Hallward, London. New York: Verso, 2001.

Alain Badiou, *Infinite Thought: Truth and the Return to Philosophy*, J, Clemens&O, Feltham (ed. &tr.). London: Continuum, 2003.

Alain Badiou, *Theoretical Writings*, trans., Ray Brassier and Alberto Toscano, London. NewYork: Continuum, 2004.

Alain Badiou, *Being and Event*, trans., Oliver Feltham. London. New-York: Continuum, 2005.

Alain Badiou, *Theory of the Subject*, trans., Bruno Bosteels, London. New York: Continuum, 2005.

Alain Badiou, L'hypothèse communiste, Lignes, 2009.

Alain Badiou, *Logics of World: Being and Event 2*, trans., Alberto Toscano, London. New York: Continuum, 2009.

Alain Badiou, *The Communist Hypothesis*, trans., David Macey & Steve Corcoran, London. New York: Verso, 2010.

Alain Badiou, *The Affirmative Dialectics*, AlexTaek GwangLee, Slavoji-ek, The Idea of Communism 3, London: Verso, 2010.

Alain Badiou & Élisabeth Roudinesco, *Jacques Lacan: Past and Present*, trans., Jason E. Smith, New York: Columbia University Press, 2014.

Oliver Feltham, *Alain badiou: Live Theory*, London: Continuum, 2008.

Peter Hallward, *Introduction to Badiou: A Subject to Truth*, Minneapolis. London: University of Minnesota Press, 2003.

Peter Hallward, ed., *Think again: Alain Badiou and the Future of Philosophy*, London: Continuum, 2004.

(二) 外文论文

Badiou A, "Le (Re) commencement de la dialectique materialiste", *critique*, 1967.

Badiou A, "Politics and Philosophy: An interview with Alian Badiou", *Ange-laki*, 1998.

Badiou A, "The Adventure of French philosophy", *New Left Review*, 2005.

Badiou A, " An interview with Alian Badiou: After the Event: Rationality and the politics of invention", *Prelom*, 2006.

Badiou A, "Philosophy, Science, Mathematics: Interview with Alian Badiou", *Collapse*, 2006.

Badiou A, "Plato, our dear Plato!", A. Toscxno (tr.), *Angelaki*, 2006.

三 网络文献

Alain Badiou, "Philosophy as Bibliography", (February13, 2009), https://www.lacan.com/symptom9_articles/badiou19.html.

附　　录

巴迪欧中译本著作一览表（数据统计截至2021年11月）

序号	著作名称	译者	出版社	出版时间
1	《世纪》	蓝江	南京大学出版社	2011
2	《爱的多重奏》	邓刚	华东师范大学出版社	2012
3	《小万神殿》	蓝江	南京大学出版社	2014
4	《哲学宣言》	蓝江	南京大学出版社	2014
5	《第二哲学宣言》	蓝江	南京大学出版社	2014
6	《元政治学概述》	蓝江	复旦大学出版社	2015
7	《柏拉图的理想国》	曹丹红	河南大学出版社	2015
8	《维特根斯坦的反哲学》	严和来	漓江出版社	2015
9	《当前时代的色情》	张璐	河南大学出版社	2015
10	《圣保罗》	董斌孜孜	漓江出版社	2015
11	《关键概念》	蓝江	重庆大学出版社	2016
12	《海德格尔：纳粹主义、女人和哲学》	刘冰箐	重庆大学出版社	2016
13	《论争：关于当代政治与哲学的对话》	邓冰艳	河南大学出版社	2016
14	《数学颂》	蓝江	中信出版社	2017
15	《当下的哲学》	蓝江、吴冠军	中央编译出版社	2017
16	《瓦格纳五讲》	艾士薇	河南大学出版社	2017
17	《哲学与政治之间谜一般的关系》	李佩纹	中央编译出版社	2017
18	《存在与事件》	蓝江	南京大学出版社	2018
19	《何为真正生活》	蓝江	中国人民大学出版社	2019
20	《戏剧颂》	蓝江	广西师范大学出版社	2021

致　谢

本书能够顺利出版离不开我的领导与老师的帮助，我要感谢长春理工大学马克思主义学院的领导对我的支持与厚爱，特别是陈春燕院长，给予我多方面的鼓励与帮助，在此深表感谢；同时感谢中国社会科学出版社提供的宝贵平台，特别感谢中国社会科学出版社的朱华彬老师，在对本书编辑出版过程中给予我无私的帮助。

本书由我的博士论文改编而成，而我博士论文的顺利完成离不开我的导师和师长们的教诲与帮助。在此我要特别感谢我的导师孙利天教授，他是我人生中的指路明灯，持续地照亮我前行的路。孙老师为人正直，做学问一丝不苟，博学多识，拥有广阔的理论视野；勤奋严谨，具备精深的学术造诣；从容豁达，拥有非凡的气度，其刚正不阿、清心寡欲的品性影响着一代代学子。老师的人格魅力深深感染着我，回想着和老师学习的美妙时光，我收获的不仅仅是知识，更多的是如何做人，如何为人处世的人生哲理。当然，老师的学术造诣也对我产生很深的影响，每每品读老师的文章时总是能够得到一定的启发，并且我能够顺利地完成博士论文离不开老师的谆谆教导，从博士论文的选题到写作，老师都给予我细致入微的指导，在此弟子深表谢意！

感谢吉林大学哲学社会学院的老师们，谢谢你们的传道授业解惑，正是你们无私的教导成就了今天的我，几年的哲学理论学习和研究使我打下了坚实的理论基础。在求学期间，还要特别感谢孙正聿教授、张盾教授、韩志伟教授、王福生教授、王庆丰教授、曲红梅教授等，跟随几位老师学习马克思主义哲学理论、原著及现当代哲学，使我涉猎到了超出自己研究领域外的丰富的哲学理论知识，这对我的专业学习大有裨益，扩大了知识储备的同时也对我博士论文的完成有着很大的影响，在此感谢各位老师的言传身教！如今我也成了一名人民教师，前辈老师们将是我未来学习和效仿的榜样。

感谢在我著书过程中给我提供支持和帮助的亲朋、同事与好友，你们的无私帮助是我前进的动力，需要感谢的人很多，在此不一一列举，但生活的细节与点滴我都铭记于心，我会始终保持一颗感恩的心努力奋斗，继续前行。

书稿终告段落，但我深知“吾生也有涯，而知也无涯”。未来的人生路还很漫长，希望自己能够保持当下对于学术研究的热情，持之以恒，坚持在科研的道路上越走越远。